PESQUISA E PRODUÇÃO DE CONHECIMENTO EM SERVIÇO SOCIAL

Dados Internacionais de Catalogação na Publicação (CIP)
(Câmara Brasileira do Livro, SP, Brasil)

Abreu, Marina Maciel
Pesquisa e produção de conhecimento em serviço social / Marina Maciel Abreu, Franci Gomes Cardoso. – São Paulo : Cortez Editora, 2025. – (Biblioteca básica de serviço social ; 11)

Bibliografia.
ISBN 978-65-5555-572-1

1. Marxismo 2. Serviço social 3. Serviço social como profissão 4. Sociologia I. Cardoso, Franci Gomes. II. Título. III. Série.

25-266861 CDD-361.3

Índices para catálogo sistemático:
1. Serviço social : Prática profissional 361.3

Eliane de Freitas Leite - Bibliotecária - CRB 8/8415

Marina Maciel Abreu
Franci Gomes Cardoso

PESQUISA E PRODUÇÃO DE CONHECIMENTO EM SERVIÇO SOCIAL

BIBLIOTECA BÁSICA DE SERVIÇO SOCIAL

VOLUME 11

CORTEZ EDITORA

PESQUISA E PRODUÇÃO DE CONHECIMENTO EM SERVIÇO SOCIAL
Marina Maciel Abreu e Franci Gomes Cardoso

Direção editorial: Miriam Cortez
Assessoria editorial: Maria Liduína de Oliveira e Silva
Coordenação editorial: Danilo A. Q. Morales
Assistente editorial: Amarílis Oliveira
Preparação de originais: Ana Paula Luccisano
Revisão: Tuca Dantas e
Ana Paula Luccisano
Projeto gráfico e diagramação: Linea Editora
Capa: Aeroestudio

Direitos para esta edição
CORTEZ EDITORA
R. Monte Alegre, 1074 – Perdizes
05014-001 – São Paulo-SP
Tel.: +55 11 3864 0111
editorial@cortezeditora.com.br
www.cortezeditora.com.br

Impresso no Brasil – agosto de 2025

Para a querida Josefa,
amiga-irmã e grande companheira de longa
jornada de lutas e conquistas, de afetos, alegrias
e tristezas compartilhadas, presença orgânica na
elaboração coletiva das ideias deste livro.

O homem conhece objetivamente na medida em que o conhecimento é real para todo o gênero humano historicamente *unificado em um sistema cultural unitário; mas este processo de unificação histórica ocorre com o desaparecimento das contradições internas que dilaceram a sociedade humana, contradições que são a condição de formação dos grupos e do nascimento das ideologias não universal-concretas, mas que envelhecem imediatamente, por causa da origem prática da sua substância. Há, portanto, uma luta pela objetividade (para libertar-se das ideologias parciais e falazes) e esta luta é a própria luta pela unificação cultural do gênero humano.*

ANTONIO GRAMSCI

Sumário

PARTE II

A QUESTÃO DO MÉTODO, A DIALÉTICA E O INSTRUMENTAL TÉCNICO-CIENTÍFICO NA PESQUISA

Prefácio

O erro do intelectual consiste em acreditar que se pode saber sem compreender e, principalmente, sem sentir e estar apaixonado.

ANTONIO GRAMSCI

No ano de 2006, a Cortez Editora lança um projeto inédito e de extrema relevância na direção de subsidiar a formação profissional e a educação continuada, primariamente da categoria de assistentes sociais, com aportes extensivos a outras profissões e áreas do conhecimento.

A contribuição deste projeto denominado *Biblioteca Básica de Serviço Social* é inquestionável e seus frutos podem ser aferidos nas referências bibliográficas dos cursos de graduação e pós-graduação em Serviço Social, nas bibliografias de concursos para docentes em Serviço Social, bem como para assistentes sociais, em âmbito nacional, dentre tantos outros.

As obras que constam desta Biblioteca têm sido cuidadosamente elaboradas por intelectuais com *expertise* no tema, convidados e incentivados a apresentarem os temas em nível introdutório dentro de um propósito didático-pedagógico nem sempre observado quando da elaboração da produção acadêmica e técnica da nossa profissão/área de conhecimento.

Esta particularidade é o que, especialmente, distingue a Biblioteca Básica de outras produções da área e a qualifica para o lugar central que hoje ocupa na formação e no trabalho profissional.

É no adensamento deste exitoso projeto que a obra que tenho a honra de apresentar se localiza. Trata-se do número 11 da Biblioteca Básica de Serviço Social e aborda um tema incontornável para a profissão em todas as suas dimensões: do trabalho, da formação e da sua organização política.

O tema *pesquisa e produção de conhecimento* — tratado aqui por Franci Gomes Cardoso e Marina Maciel Abreu, duas grandes e reconhecidas intelectuais — foi colocado como um pretexto dessa grandiosa obra que trata *a profissão como uma totalidade sócio-histórica* a partir dos fundamentos teórico-metodológicos que incidem na sua constituição como profissão e área do conhecimento, para demonstrar o lugar ocupado pela pesquisa engajada e pelo conhecimento crítico nesta construção.

O texto, cuidadosamente redigido como prosa, apresenta ricos exercícios de reflexão e estimula a interlocução coletiva entre estudantes, assistentes sociais de diversos espaços sócio-ocupacionais e docentes, o que não é algo comum na profissão.

Sem minimizar a densidade teórica, trata de temas de alto nível de complexidade com argumentos plausíveis e compreensíveis aos ainda neófitos no pensamento de Antonio Gramsci. A presença desse intelectual, bem como sua contribuição às análises das autoras, é nítida, na medida em que as adotam como categoria nuclear de toda a reflexão, seja sobre pesquisa e produção de conhecimento, seja sobre a constituição do Serviço Social como totalidade histórica, *a categoria práxis*. Nessa perspectiva, a práxis, que é o fio condutor de toda a obra, *é a categoria de análise que a atravessa e a entretece*.

Essa mesma perspectiva de análise (a práxis sócio-histórica) baliza o significado da profissão apreendido no processo de produção e reprodução das relações sociais capitalistas em face de seus antagonismos e contradições.

Sem qualquer concessão ao teoricismo e/ou ao pragmatismo, o que se encontra neste livro é a expressão efetiva de um marxismo ortodoxo,[1] em que a ênfase no método marxiano como uma relação entre sujeito do conhecimento e objeto a ser conhecido se realiza numa perspectiva de totalidade em processo.

---

1. Lembrando que, como afirma Lukács (1989, p. 15), "[...] a ortodoxia em matéria de marxismo refere-se, [...] exclusivamente, ao método".

Trata-se de uma inquestionável contribuição para a revisão crítica da pesquisa e de suas metodologias, quase sempre abordadas dentro da racionalidade formal-abstrata como padrão hegemônico da Ciência moderna.

Aqui se localiza o traço distintivo da obra: sua natureza, na qualidade de obra didática, construída a partir do fio condutor da práxis sócio-histórica das classes sociais, numa sociedade historicamente determinada. Nessa perspectiva, puderam as autoras reafirmar as dimensões pedagógica e ético-política do saber, imprescindíveis na elaboração de um conhecimento voltado para a transformação social.

O que está em jogo nesse debate não é apenas a natureza, o estatuto e o lugar do conhecimento para a profissão, na intenção de debater o conhecimento *para que e para quem*, o que já seria uma contribuição de extrema relevância. Mas é bem mais do que isso. Em resumidas palavras: ao reivindicarem a *filosofia da práxis como a teoria para a emancipação dos trabalhadores*, o debate se direciona para a natureza mesma do saber e do conhecimento. Em Marx, como bem define Lukács, há um novo padrão de cientificidade fundado no ser social que resgata a unidade contraditória entre razão/história, teoria/prática, interpretação/intervenção na realidade. Trata-se de um padrão de cientificidade que:

> [...] não perde jamais o seu vínculo com a atitude tipicamente ontológica da vida cotidiana; ao contrário, depura-o e desenvolve-o continuamente em nível crítico, elaborando conscientemente as *determinações ontológicas que estão necessariamente na base de toda ciência* (Lukács, 1992, p. 99, grifos nossos).

Esse padrão de cientificidade nasce no trabalho e nunca perde seu vínculo orgânico com ele, sua base material, ainda que assim o faça através de muitas e complexas mediações. É esse padrão de cientificidade que alcança os fundamentos do ser e estes, por sua vez, constituem-se na base de toda ciência. Nesta concepção se realiza toda dialeticidade da relação realidade/conhecimento, teoria/prática, interpretação/intervenção no real, já que as formulações de Marx não partem de conceitos e hipóteses *a priori* para serem testadas na realidade. Tampouco visam à construção de modelos ou tipificações para submeterem formalmente a realidade ou resultam na mera descrição dos objetos ou de enunciados discursivos. Aqui, teoria e prática, apesar da sua natureza distinta, integram-se, interpenetram-se, misturam-se e se transformam em outra: na práxis sócio-histórica que pode/deve ser apreendida cientificamente por meio de uma genuína concepção de teoria, como:

> [...] uma modalidade peculiar de conhecimento, entre outras [...], o conhecimento teórico é o conhecimento do objeto — de sua estrutura e dinâmica. [...] A teoria é, para Marx, a reprodução ideal do movimento real do objeto pelo sujeito que pesquisa: pela teoria, o sujeito reproduz em seu pensamento a estrutura e a dinâmica do objeto que pesquisa. E esta reprodução (que constitui propriamente o conhecimento teórico) será tanto mais correta e verdadeira quanto mais fiel o sujeito for ao objeto (Netto, 2011, p. 5).

Como desenvolvi em outro lugar, considero que esse padrão de cientificidade é o único capaz de fazer com que o conhecimento se *aposse das massas*, no sentido de promover a transformação estrutural da sociedade.[2]

Nessa direção é que, a meu juízo, as autoras formulam, justificam, realizam, teórica e praticamente, o projeto subjacente a esta obra: *o de fornecer um instrumental teórico/prático*, que oriente a pesquisa, e possibilitar uma produção de conhecimento com vista à apropriação e ao fortalecimento do marxismo pelo Serviço Social, convertendo-se, assim, em um dos *pilares do nosso projeto ético-político vinculado a um projeto de transformação social*.

Para tanto, o livro foi estruturado em duas partes organicamente articuladas, sendo que estas, somente para efeito didático, separam-se.

Nota-se, a exemplo das observações de Marx acerca do método de exposição, que a primeira parte analisa o Serviço Social como totalidade histórica, e, como tal, síntese de múltiplas determinações, unidade de diversidades, *como práxis, na sua unidade profissão/área de conhecimento*. Este debate remete imediatamente à exposição sobre os fundamentos histórico-conceituais que sustentam o Serviço Social e para as mediações que o entretecem como profissão e área de conhecimento no Brasil, reflexão que remete ao conjunto de

2. A este respeito, ver Guerra (2024).

mediações que determinam historicamente sua natureza e identidade, *sustentando ontologicamente a necessidade da pesquisa e produção do conhecimento*. Essa forma de abordar o tema, como não poderia deixar de ser, a partir dos fundamentos da tradição marxista, com destaque para Gramsci e Marx, contempla toda a riqueza da argumentação.

A exposição de tais temas pelas autoras observa rigorosamente a lógica dialética, culminando com as sínteses que, embora provisórias, expressam as tendências do movimento da profissão na história, apreendidas através dos temas de suas pesquisas.

Partindo de uma explícita concepção de pesquisa e de conhecimento que, como dito, foge substancialmente à razão formal-abstrata, sendo até mesmo a sua antítese, tomam-na, genuinamente, como *estratégia ideológica necessária no combate ao conservadorismo reacionário na sociedade e no Serviço Social*.

Certamente, a pesquisa assim concebida faz avançar no debate da categoria. Já é parte da nossa cultura considerá-la, como o fazem intelectuais de referência na profissão,[3] a condição que lhe atribui estatuto acadêmico e expressa o avanço da profissão na direção da sua maturidade. Contudo, nossas autoras são muito explícitas e avançam quando consideram que, para além desse aspecto (que não pode ser negligenciado), a pesquisa e o conhecimento crítico estão *na constituição da base de sustentação do projeto ético-político profissional como totalidade histórica*.

Como intelectuais militantes reconhecidas em vários países da América Latina por suas várias inserções acadêmicas e profissionais, pelas ricas produções bibliográficas e na representação das entidades da categoria, as autoras realizam um passeio na processualidade histórica da profissão indicando os avanços dos anos 1980, tendo como marco o Congresso da Virada ocorrido em São Paulo em 1979. Priorizar o significado da Virada do Serviço Social brasileiro não foi algo casual, dada a importância desse período histórico para a construção do que denominamos projeto ético-político profissional.

---

3. A exemplo de José Paulo Netto (1996) e Iamamoto (1998).

Contudo, muito mais do que um marco na processualidade histórica da profissão, sabemos que nossas autoras estiveram na vanguarda desta trajetória e, apesar da modéstia digna de grandes intelectuais, esse protagonismo foi essencial na construção da vertente crítica do Serviço Social brasileiro e latino-americano. Como bem registradas na obra que temos em mãos, as experiências citadas atestam a fecundidade da construção coletiva de projetos pedagógicos críticos que se valem da pesquisa-ação como seus referenciais metodológicos, como detonadores de forças que avigoram os segmentos mais pauperizados na luta e na resistência cotidianas.

Nota-se, portanto, a relação orgânica das autoras com a temática e que apenas as experiências vivenciadas por elas,[4] a práxis realizada coletivamente, poderiam tê-las balizado na elaboração de referências capazes de sustentar a crítica: à concepção empirista de pesquisa, à utilização instrumental da teoria, ao ecletismo teórico-metodológico, concepções hegemônicas nas Ciências Sociais, em especial, nas Aplicadas, tal como o Serviço Social. É esse, e somente esse, o horizonte que permite indicar como "[...] instrumentalizar a classe trabalhadora de referencial estratégico para o conhecimento e para a ação", considerando a clássica constatação de Lenin (2010, p. 31) de que a práxis revolucionária necessita de uma teoria revolucionária.

Nesse padrão de conhecimento de filiação marxista, diz José Paulo Netto (1989, p. 92): "[...] a história aparece como o próprio constitutivo da reflexão teórica e a tensão entre razão e história se resolve no seu plano mesmo: a razão se historiciza e a história se torna racional".

Nessa perspectiva, na segunda parte do livro, as autoras se dedicam a apresentarem didaticamente *os fundamentos teóricos e metodológicos da pesquisa que incidem historicamente na profissão*, tanto no âmbito dos seus sistemas de saber quanto na sua intervenção prático-profissional e política, com ênfase na tradição marxista, de modo a indicar: a relação orgânica entre história, teoria e método; a relevância da categoria totalidade; a distinção

4. Destaco, aqui, a vivência no projeto de pesquisa e extensão intitulado *Trabalho junto ao pescador artesanal da Ilha de São Luís/MA* (Cardoso, 1979), coordenado por Franci Gomes Cardoso; e o projeto de pesquisa e extensão intitulado *Relações pedagógicas no movimento de defesa dos direitos da criança e do adolescente em São Luís/MA: 1991-1995* (Abreu, 1995), coordenado por Marina Maciel Abreu.

entre método de investigação e método de exposição, como base da concepção que trazem sobre projetos de investigação. Aqui, a meu ver, está mais um aspecto original e grande contributo à profissão, no sentido da problematização sobre a natureza do *instrumental de pesquisa na condição de meio ou de mediação* e do lugar que ocupa na instrumentalidade da profissão nos âmbitos da intervenção e da investigação, debate que é subsidiado pelas referências ao método de Marx. Trata-se de considerar, ao contrário da racionalidade formal-abstrata, que *o instrumental de pesquisa porta racionalidades distintas*, de modo que necessita ser construído no movimento dialético da práxis e não tomado abstratamente de algum livro de metodologia científica, o que significa um enorme avanço ao estado da arte sobre a pesquisa no Serviço Social. Com esta rica problematização, as autoras remetem os(as) leitores(as) ao projeto de pesquisa como a referência primeira do instrumental de pesquisa e de produção de conhecimento, trazendo à luz a *perspectiva gramsciana* que ilumina o debate dos instrumentos intelectuais e materiais, bem como das técnicas de pensar e agir do pesquisador.

Esse foi o caminho pavimentado solidamente para tratar o que vem a seguir na construção desta obra que, mantendo sua coerência e consistência teórica, *propõe a pesquisa-ação como instrumento pedagógico de investigação e de intervenção na realidade*, tendo a enquete operária como sua fonte inspiradora e instrumento, concluindo, assim, um projeto que acaba de ser inaugurado: o de subsidiar a profissão como totalidade sócio-histórica nos âmbitos da investigação, produção de conhecimento crítico e da intervenção, *tendo a educação popular como eixo estratégico.*

Destaco que a metodologia adotada, dialogando com leitores e leitoras, para além da sua originalidade, constitui recurso didático dos mais acertados, por possibilitar envolvimento e maior disposição ao conhecimento do tema.

A propícia escolha de trazer a enquete operária coroa os esforços dessas grandes intelectuais militantes, na direção de apontar um instrumental que venha favorecer "o autoconhecimento, a conscientização, a mobilização e a organização, e a luta da classe trabalhadora por seus interesses emancipatórios", com ênfase nas diversas formas de participação e de engajamento dos diferentes segmentos da classe trabalhadora, como o diferencial da *pesquisa-ação como estratégia de pesquisa*, para o que a recorrência a Gramsci foi imprescindível.

Nestes tempos de obscurantismo e negação do conhecimento, de aprofundamentos da lógica mercantil, produtivista e instrumental, agravada pela expansão do empresariamento e da hibridização na educação, do desfinanciamento e do sucateamento das universidades públicas, de avanço de tendências ultraneoconservadoras de expressões fascistas na sociedade e na profissão, que não casualmente rechaçam o que supõem ser o pensamento gramsciano, *a pesquisa engajada, ontológica e crítica*, genuinamente comprometida com a busca dos fundamentos do ser e das estratégias de transformação social, é fundamental, o que torna a obra uma referência imperativa.

A estas "imprescindíveis" intelectuais orgânicas da classe trabalhadora, que exalam paixão e rigor teórico em tudo o que fazem, minha enorme admiração e reconhecimento pela inquestionável contribuição que vêm aportando ao pensamento crítico de extração marxista e às lutas da classe trabalhadora.

Rio de Janeiro, setembro de 2024.

Yolanda Guerra
Docente aposentada da Universidade Federal do Rio de Janeiro (UFRJ)
Professora visitante da Universidade Federal de Juiz de Fora (UFJF)

Referências

ABREU, M. M. *Relações pedagógicas no movimento de defesa dos direitos da criança e do adolescente em São Luís/MA*. São Luís: Departamento de Serviço Social/UFMA, 1995. Relatório de pesquisa.

CARDOSO, F. G. *Trabalho junto ao pescador artesanal da Ilha de São Luís/MA*. São Luís: UFMA, 1979. Anteprojeto de pesquisa.

GUERRA, Y. A dimensão investigativa no exercício profissional. *In*: CONSELHO FEDERAL DE SERVIÇO SOCIAL; ASSOCIAÇÃO BRASILEIRA DE ENSINO E PESQUISA EM SERVIÇO SOCIAL. *Serviço Social*: direitos sociais e competências profissionais. Brasília: CFESS/ABEPSS, 2009.

GUERRA, Y. Prólogo: Decifra-me ou te devoro: a pesquisa e a produção de conhecimento criticamente engajadas. *In*: MORAES, C. A. S.; LIMA, N. C. (org.). *Pesquisa em Serviço Social*: teoria, método e metodologias. São Paulo: Cortez Editora, 2024.

IAMAMOTO, M. V. *O Serviço Social na contemporaneidade*: trabalho e formação profissional. São Paulo: Cortez Editora, 1998.

LENIN, V. I. *Que fazer?* Problemas candentes do nosso movimento. São Paulo: Expressão Popular, 2010.

LUKÁCS, G. *História e consciência de classe*: estudos de dialética marxista. 2. ed. Tradução: Telma Costa. Rio de Janeiro: Elfos, 1989.

LUKÁCS, G. *Sociologia*. Tradução: José Paulo Netto. São Paulo: Ática, 1992. (Coleção Grandes cientistas sociais, n. 20).

NETTO, J. P. O Serviço Social e a tradição marxista. *Serviço Social & Sociedade*, São Paulo: Cortez Editora, v. 10, n. 30, p. 89-102, 1989.

NETTO, J. P. Transformações societárias e Serviço Social: notas para uma análise prospectiva da profissão no Brasil. *Serviço Social & Sociedade*, São Paulo: Cortez Editora, ano XVII, n. 50, p. 87-132, abr. 1996.

NETTO, J. P. *Introdução ao estudo do método de Marx*. São Paulo: Expressão Popular, 2011.

Introdução

A crise consiste justamente no fato de que o velho morre e o novo não pode nascer: nesse interregno, verificam-se os fenômenos patológicos mais variados

ANTONIO GRAMSCI

Este livro, *Pesquisa e produção de conhecimento em Serviço Social*, atende à solicitação da Cortez Editora para compor a Biblioteca Básica de Serviço Social. Aborda um tema dos mais significativos no processo de desenvolvimento e avanços conquistados pelo Serviço Social no Brasil e em toda a América Latina. A pesquisa é, sem sombra de dúvida, uma das principais mediações na constituição do Serviço Social como área de conhecimento e condição imprescindível para a intervenção crítica nas relações sociais, orientada pela necessidade histórica da emancipação humana — horizonte do projeto profissional crítico que se explicita e conquista hegemonia no Brasil desde o final dos anos 1970 —, o que se conhece como Projeto Ético-Político Profissional.

Instituído no Brasil como profissão de nível superior em 1936, o Serviço Social manteve-se vinculado às protoformas[1] que sustentaram sua origem, sob a égide do positivismo, corrente de pensamento em que se respaldam historicamente o pensamento e a cultura dominantes. Os primeiros movimentos do

1. Ver sobre as protoformas do Serviço Social em Iamamoto e Carvalho (1982).

Serviço Social em direção à pesquisa no país foram feitos a partir da Associação Brasileira de Escolas de Serviço Social (ABESS), atual Associação Brasileira de Ensino e Pesquisa em Serviço Social (ABEPSS), e do Centro Brasileiro de Cooperação e Intercâmbio de Serviços Sociais (CBCISS), através de cursos de aperfeiçoamento. Contudo, é com a implantação da pós-graduação em 1971 que efetivamente são impulsionados a prática da pesquisa e o processo de produção do conhecimento no Serviço Social, até então dependente, neste aspecto, de uma escassa literatura importada da Europa e dos Estados Unidos e do material impresso pelo CBCISS.

A pesquisa e a produção do conhecimento iniciadas na graduação avançaram no Brasil com o impulso da pós-graduação: a princípio, no nível de mestrado e, logo depois, no nível de doutorado, que indubitavelmente favoreceram a expansão dos grupos de pesquisa, hoje em grande número, abrangendo um diversificado campo temático constitutivo da área de conhecimento do Serviço Social, com inscrição no Diretório de Grupos de Pesquisa (DGP), criado pelo Conselho Nacional de Desenvolvimento Científico e Tecnológico (CNPq) em 1992. Nesse processo, o aporte da Cortez Editora, como veículo de difusão de conhecimento, de ideias, foi de grande importância na constituição do Serviço Social como área de conhecimento junto aos órgãos de financiamento da pesquisa, iniciando pelo CNPq, em 1982.[2] É importante destacar, no entanto, que a compreensão do Serviço Social como área de conhecimento vai além desse aspecto da institucionalização, expressa toda a trajetória de investimento acadêmico e político-profissional com a pesquisa e a produção de conhecimento crítico em vinculação às lutas democráticas e emancipatórias das classes subalternas, e enfrentando as dificuldades e as barreiras derivadas do reiterado desfinanciamento da ciência e da tecnologia no país, sobretudo em relação às ciências sociais aplicadas em que se insere o Serviço Social. A priorização

2. Cabe registrar aqui a contribuição de Safira Bezerra Ammann, como redatora da proposta de criação da área do Serviço Social no CNPq. Ver: AMMANN, S. B. Avaliação e perspectivas: Ciências Sociais Aplicadas. 65. Serviço Social. *In:* CONSELHO NACIONAL DE DESENVOLVIMENTO CIENTÍFICO E TECNOLÓGICO; SEPLAN (org.). *Avaliação e perspectivas.* Brasília: Coordenação Editorial Brasília, 1982. p. 390-423.

do campo das ciências exatas pelos órgãos de fomento se vincula aos interesses do mercado, considerando a perspectiva de retorno econômico da produção científica e tecnológica.

Tais processos compõem um movimento, desencadeado no campo acadêmico, inserido no amplo movimento por mudanças na sociedade brasileira, no contexto latino-americano que impulsionou a organização do Movimento de Reconceituação do Serviço Social na América Latina.[3] Colocou-se, desde então, a necessidade de renovação e de ruptura com o Serviço Social tradicional conservador. Uma ruptura só possível mediante uma crítica radical que, para fazê-la, buscou orientação no marxismo, tendo a pesquisa como um *instrumento fundamental, essencial*, na análise das expressões da questão social como realidade objeto de conhecimento e da intervenção profissional do Serviço Social; assim como na análise das formas contraditórias de enfrentamento das expressões da questão social pelas classes sociais nas mediações entre Estado e sociedade civil e do próprio Serviço Social como processo histórico. A pesquisa é, assim, uma mediação que garantiu o avanço na apreensão do pensamento de Marx e da tradição marxista, e na análise da diversidade das correntes de pensamento que permeiam a sociedade e penetram o Serviço Social.

Nesse movimento, o Serviço Social logrou acumular uma vasta produção bibliográfica com repercussão em países da América Latina e Caribe, Europa e África, junto à ampliação dos veículos de divulgação e difusão, como as várias revistas dos Programas de Pós-Graduação, além da revista *Temporalis* criada pela ABEPSS, em 2000, a partir da experiência dos *Cadernos ABESS*, com vigência no período 1986/2000; e da revista *Serviço Social & Sociedade*, da Cortez Editora, criada em 1979, como o primeiro periódico da área no país. E, nesse âmbito, a Cortez Editora cumpre uma função especial e contribuição, desde os primeiros movimentos da constituição do Serviço Social como área de conhecimento, em que se situa o projeto da Biblioteca Básica na direção de estudos em torno de temas essenciais ao desenvolvimento do Serviço Social.

3. Ver sobre o Movimento de Reconceituação do Serviço Social na América Latina em Lopes (2016).

A pesquisa e a produção de conhecimento em Serviço Social é um desses temas essenciais, no qual a totalidade temática se expressa na produção de conhecimento que contém, necessariamente, a pesquisa, e supõe, nessa totalidade, as especificidades dos métodos de pesquisa e de exposição, como acentua Marx (1994b, p. 16): "É mister, sem dúvida, distinguir, formalmente, o método de exposição do método de pesquisa".

Nossa proposta de conteúdo para este livro parte da tese de que o Serviço Social se inscreve e se particulariza na sociedade capitalista como profissão inscrita na divisão sociotécnica do trabalho (Iamamoto; Carvalho, 1982), situando-se no campo da política.[4] Como tal, constitui uma totalidade histórica, de menor nível de complexidade, no movimento contraditório totalizante da práxis na sociedade burguesa, da qual é uma expressão (Cardoso, 2016). Como profissão e área de conhecimento,[5] em sua totalidade histórica, compõe-se de quatro dimensões: "[...] formação, intervenção, produção de conhecimento e organização política da categoria profissional, vinculadas organicamente" (Lopes; Abreu; Cardoso, 2014, p. 196), sendo a intervenção a dimensão primeira na definição da natureza e da identidade do Serviço Social e, nessa condição, "[...] articula e determina as demais dimensões em que pesem a especificidade e a autonomia, ainda que relativa, de cada uma delas" (Lopes; Abreu; Cardoso, 2014, p. 196). Entendemos, assim, que a práxis é uma categoria fundante na análise da natureza do Serviço Social e é, portanto, imprescindível para a análise da questão da relação teoria e prática na particularidade dessa profissão,[6] pensando-se essa relação em termos da

---

4. Partimos da concepção original de Iamamoto e Carvalho (1982, p. 77) quando afirmam: "O Serviço Social se gesta e se desenvolve como profissão reconhecida na divisão social do trabalho, tendo por pano de fundo o *desenvolvimento capitalista industrial e a expansão urbana* [...]" (grifo das autoras). Nossa concepção, no entanto, considera e explicita o caráter político da divisão sociotécnica do trabalho que é intrínseco aos processos históricos de todas as relações sociais das quais o Serviço Social participa.

5. A concepção do Serviço Social como profissão e área de conhecimento é um tema de debate no meio profissional, com várias possibilidades de análise, ainda com escassa bibliografia. Ver a contribuição de Mota (2013).

6. Desde que o Serviço Social se colocou a necessidade e a importância do conhecimento crítico para a profissão e sua intervenção na sociedade, a questão da relação teoria e prática se impõe como desafio constante nos processos interventivos. A expressão *na prática, a teoria é outra* é muito frequente e se constitui tema de discussão no Serviço Social (Santos, 2010), embora não apenas nessa profissão.

"[...] unificação de teoria e prática como processo histórico real" (Gramsci, 1999, CC 11, § 12, p. 105), que só pode ser concebido na sociedade capitalista como "um devir histórico" (Gramsci, 1999, CC 11, § 12, p. 104). Sob esse ponto de vista, a formação profissional, a produção de conhecimento e a organização política dos assistentes sociais respondem a necessidades postas pela intervenção profissional; mas, com função de direção, essas dimensões atuam sobre a intervenção, a partir do confronto autônomo com as diferentes correntes de pensamento na sociedade na correlação de forças da *luta perpétua* (Gramsci, 1999, CC 11) do pensamento crítico contra a ideologia dominante.

Na tendência crítica de orientação marxista, que respalda essa luta, destacam-se Marx, Lukács, Gramsci e outros pensadores marxistas, como Lefebvre, Mészáros, presentes no Serviço Social. Sob essa orientação como tendência hegemônica, o projeto ético-político profissional do Serviço Social se desenvolve em permanente confronto à reação conservadora (Netto, 2007; Braz, 2007, dentre outros), hoje acirrada com a crescente expansão das forças da extrema-direita mundial, com forte expressão na América Latina e, destacadamente, no Brasil. Assim, a necessidade de resistência do pensamento crítico, na sustentação desse projeto, repõe-se com força e reafirma a necessidade de um instrumental de pesquisa e de uma produção de conhecimento, adequados ao fortalecimento e ao aprofundamento da apropriação do marxismo pelo Serviço Social. Processo que se constitui em um desafio constante da luta travada com as correntes teóricas e metodológicas que expressam ideologias dominantes na sociedade e que penetram o Serviço Social, sobretudo a partir da dimensão interventiva.

Com essas premissas, nossa pesquisa e exposição de resultados na construção do livro, norteadas pela categoria práxis, buscam em Marx e na tradição marxista seus fundamentos. Os resultados aqui sistematizados consubstanciam-se na experiência da pesquisa e da produção de conhecimento em Serviço Social, na qual se inclui a própria trajetória das autoras como pesquisadoras na área, na condição de docentes do Departamento de Serviço Social (Deses) da Universidade Federal do Maranhão (UFMA), hoje professoras aposentadas com vinculação ao Programa de Pós-Graduação em Políticas Públicas (PPGPP) da UFMA. No processo de construção da proposta do livro, um destaque especial à valiosa participação da companheira

Josefa Batista Lopes, também docente aposentada do Deses/UFMA e vinculada ao PPGPP/UFMA, com a qual partilhamos todos os momentos da nossa trajetória acadêmica político-profissional, sobretudo o instigante processo e o aprendizado da pesquisa em Serviço Social.

Este livro coloca-se, portanto, como um esforço coletivo de sistematização de uma longa trajetória de estudos, pesquisa e produção de conhecimento das autoras em incursões sucessivas ao pensamento marxiano e à tradição marxista, em que procuramos apreender esses processos no movimento dialético de unificação da relação teoria e prática como devir histórico, inscrita na totalidade da práxis, como um grande desafio do qual participa o Serviço Social como profissão e área de conhecimento.

O conteúdo do livro está organizado em duas partes: a primeira com três capítulos, e a segunda, com quatro capítulos.

A Parte I tem como ponto de partida a categoria práxis, referência da constituição histórico-conceitual do Serviço Social como profissão e área de conhecimento, como dito, apreendido na sua inscrição no movimento totalizante da práxis, do qual é uma expressão (Cardoso, 2016). Nessa condição, entendemos a possibilidade real de participação dos sujeitos profissionais, de forma crítica e consciente, no amplo movimento das classes subalternas na perspectiva da unificação de teoria e prática como devir histórico, que é, assim, um desafio, já que essa relação se encontra dicotomizada na dinâmica contraditória da sociedade capitalista, sobretudo na vida dessas classes, como necessidade da reprodução das relações de exploração e dominação. Nessa linha interpretativa, particularizamos eixos que expressam os recortes temáticos de cada capítulo: o Capítulo 1 trata dos fundamentos histórico-conceituais da constituição do Serviço Social como profissão e área de conhecimento no Brasil, buscando fundamentos no marxismo, com destaque para Gramsci a partir de Marx. Com base nessa análise, no sentido de sua verticalização, destacamos no Capítulo 2 determinações históricas da intervenção como dimensão primeira definidora da natureza e da identidade do Serviço Social que é, assim, a principal referência da necessidade da pesquisa e produção do conhecimento. O conteúdo do Capítulo 3 é uma consequência da reflexão dos dois capítulos anteriores. Trata de uma aproximação de tendências da pesquisa e da produção de conhecimento em Serviço Social ao longo do seu desenvolvimento nas últimas cinco décadas, demarcadas a partir de temas e eixos temáticos desses processos, pensados no complexo de mediações constitutivas do Serviço Social no movimento da história.

A Parte II, orientada pela premissa de que o Serviço Social é uma expressão da práxis, como exposto na Parte I desta produção, enfatiza uma incursão sobre a questão do método, o seu movimento dialético e o instrumental da pesquisa a partir da referência marxiana e da tradição marxista. O conteúdo dos quatro capítulos desdobra esse campo temático e segue a sequência numérica da Parte I, compondo o conteúdo dos capítulos. Assim, temos o Capítulo 4 que privilegia uma abordagem dos fundamentos teórico-metodológicos da pesquisa, a partir da perspectiva marxiana e da tradição marxista, como referência hegemônica desde o movimento de renovação do Serviço Social como profissão e área de conhecimento, e ganha concretude na construção do projeto ético-político profissional. Com base nesses fundamentos, confrontamos as grandes perspectivas derivadas das Ciências Sociais, com destaque para o empirismo e o formalismo que abarcam diversas vertentes na produção do conhecimento. O Capítulo 5 enfatiza fundamentos teórico-metodológicos do processo de conhecimento dos objetos históricos, considerando a distinção marxiana entre os métodos de investigação e de exposição. O Capítulo 6 versa sobre os fundamentos teórico-metodológicos do instrumental da pesquisa no movimento dialético, em que privilegiamos ilustrativamente o instrumental da pesquisa na experiência de elaboração de projeto de pesquisa. O Capítulo 7 aborda a modalidade de pesquisa-ação como alternativa metodológica, na direção da unificação entre teoria e prática que entendemos como o cerne do projeto ético-político profissional.

A proposta pedagógica na exposição do conteúdo deste livro é construída a partir de perguntas/indagações, com o propósito de instigar a curiosidade na leitura e na reflexão dos eixos constitutivos de cada capítulo. Os parágrafos apresentam estrutura direta, com linguagem acessível e número reduzido de ideias, para facilitar a apreensão e a reflexão a partir das indagações norteadoras. Ao final de cada capítulo, apresentamos atividades pedagógicas, que incluem: i) leituras para aprofundamento do conteúdo;

ii) exercícios para refletir em grupo, com o objetivo de contribuir para a fixação das ideias centrais de cada capítulo, que instiguem elaborações individuais e coletivas e o debate entre grupos interessados; iii) filmografia para reflexão e sensibilização sobre temas que perpassam o conteúdo do livro.

Dessa forma, a pretensão é a de que as contribuições do pensamento marxiano e da tradição marxista, com destaque para Lukács e Gramsci, sobre os eixos que compõem o livro sejam acessíveis ao público-alvo da Biblioteca Básica de Serviço Social e na particularidade deste volume, que trata da pesquisa e da produção de conhecimento. Reiteramos que tais processos e conteúdos têm lugar fundamental, não somente à elevação do estatuto teórico da profissão, mas, principalmente, na constituição da base de sustentação do projeto ético-político profissional como totalidade histórica.

Nessa direção, fazemos aqui destaque a duas questões preocupantes implicadas e instigantes na linha teórico-metodológica e histórico-política desta obra. Uma é referida aos parcos estudos sobre a complexa categoria ético-político que nomeia o novo projeto profissional crítico, projeto esse que em sua totalidade e complexidade, sem dúvida, mobiliza a pesquisa na área do Serviço Social nas últimas cinco décadas. A Gramsci, uma das principais referências do movimento de renovação do Serviço Social, poderíamos atribuir, como fonte originária, a própria denominação do projeto ético-político profissional, mas essa relação entre a categoria ético-político e a referência de Gramsci não é acentuada no debate profissional, como não é a própria categoria ético-político.[7] Entendemos que em Gramsci essa categoria se vincula à unificação da teoria e da prática como devir histórico, materializada na práxis emancipada, interpretada a partir de "[...] uma futura filosofia que será própria do gênero humano mundialmente unificado" (Gramsci, 1999, CC 11, § 12, p. 94), só possível com a superação da ordem do capital e

7. Dentre as ainda escassas análises, destacamos a reflexão de Adriano (2020, p. 4) em sua tese de doutorado sobre *Hegemonia e Serviço Social: significações ético-políticas do projeto profissional em debate*, em que aporta novos elementos de análise, não isentos de polêmicas, ao trazer essa temática para o debate a partir do pensamento gramsciano, por meio do qual entende o "Serviço Social como um intérprete da hegemonia, um elaborador de uma consciência crítica e vontade coletiva, cuja competência política e teórica criou condições para formular uma interpretação político-prática desse conceito. Isto é, o projeto ético-político".

a instauração de um novo projeto societário vinculado à necessidade histórica da emancipação humana.

O outro destaque diz respeito à secundarização do debate sobre a categoria emancipação humana, embora firmada como direção sociopolítica assumida pelo projeto ético-político profissional do Serviço Social, ganha força desde os anos 1990, a partir do Código de Ética Profissional (1993), em que pesem os retrocessos teórico-políticos vivenciados em conjunturas adversas no Brasil e no mundo, sobretudo na passagem entre os séculos XX e XXI, em que a perspectiva da emancipação humana perde força, sobretudo com a fragmentação da classe trabalhadora e de suas lutas, materializadas na crise de suas instituições e organizações, tensionada com a derrocada das experiências do socialismo no Leste europeu. Esse horizonte se mantém historicamente como possibilidade real e comparece no Código de Ética Profissional, em seus princípios fundamentais, com destaque para dois deles: "Reconhecimento da liberdade como valor ético central e das demandas políticas a ela inerentes — autonomia, emancipação e plena expansão dos indivíduos sociais; [...] Opção por um projeto profissional vinculado ao processo de construção de uma nova ordem societária, sem dominação-exploração de classe, etnia e gênero" (Conselho Federal de Serviço Social, 1993, p. 23-24).

As lacunas do debate sobre a categoria emancipação humana e sobre a categoria ético-político se autoimplicam, têm consequências no necessário aprofundamento histórico-conceitual de apreensão das determinações desse projeto no movimento totalizante da práxis e na particularidade desse movimento realizado pelo Serviço Social, no conturbado contexto atual de avanço do conservadorismo reacionário na sociedade e no Serviço Social. Tais lacunas tendem a favorecer abordagens genéricas, pragmáticas, com o enquadramento, no mesmo campo temático, de tendências profissionais divergentes e mesmo antagônicas, como assinaladas por Abreu (2002).

Na perspectiva de sustentação do projeto ético-político profissional orientado pela concepção da emancipação humana, que acreditamos e defendemos, é que encaminhamos a construção deste livro sobre a pesquisa e a produção do conhecimento histórico-crítico, com base nos fundamentos do método marxiano e da tradição marxista, destacadamente as contribuições de Lukács e Gramsci. A pesquisa e a produção do conhecimento entendemos como estratégias ideológicas necessárias no combate ao conservadorismo reacionário na sociedade e no Serviço Social, no contexto de crise civilizatória, em que, parafraseando Gramsci (2000b), o velho insiste em não morrer e o novo necessita de forças para nascer.

Parte I

O SERVIÇO SOCIAL COMO PROFISSÃO E ÁREA DE CONHECIMENTO

Capítulo 1

A constituição histórica do Serviço Social como profissão e área de conhecimento no Brasil: a práxis como referência histórico--conceitual e a unificação teoria e prática como desafio

[...] a unidade de teoria e prática não é um dado de fato mecânico, mas um devir histórico [...].

ANTONIO GRAMSCI

O que é a práxis como categoria histórica e o que significa a unificação da teoria e da prática como seu núcleo essencial?

A práxis, como categoria histórica, "[...] representa, no pensamento marxiano e na tradição marxista, a categoria mais geral que dá conta da totalidade da prática social" (Cardoso; Abreu, 2014, p. 315), como objetivações humanas na produção e reprodução material e imaterial da vida social.

A totalidade, categoria ontológica, põe-se como a própria realidade social, constituída por um complexo de mediações que se conectam segundo graus de maior ou menor complexidade.

É o ponto de vista da totalidade, referenciada no pensamento marxiano, que nos possibilita a apreensão e a análise da unidade teoria e prática configurada na categoria práxis, como totalidade histórica no movimento totalizante da sociedade.

Nesse movimento totalizante, a práxis tem em sua origem o trabalho, mas não se reduz a ele. Através do trabalho, o homem transforma a natureza externa sobre a qual atua, ao mesmo tempo que se autorrecria e se transforma. Nesse processo, as propriedades da natureza são postas em movimento e se convertem em coisas úteis, em valores de uso. Daí, o primeiro ato histórico é a produção dos meios que permitem a satisfação de necessidades para manter o homem vivo, ou seja, a produção da própria vida material como condição fundamental de toda a história.

Entretanto, embora o trabalho se constitua na categoria fundante do ser social, não esgota suas objetivações.

> [...] quanto mais se desenvolve o ser social, mais as suas objetivações transcendem o espaço ligado *diretamente* ao trabalho. No ser social desenvolvido, verificamos a existência de *esfera de objetivações* que se autonomizaram das exigências imediatas do trabalho — a ciência, a filosofia, a arte etc. (Netto; Braz, 2006, p. 43) (grifos do autor).

Nessa direção, José Paulo Netto e Marcelo Braz (2006) acrescentam algumas distinções entre formas de práxis que se voltam para o controle e a exploração da natureza, no caso, o trabalho e outras formas voltadas para influir no comportamento e nas ações dos homens.

Assim, os produtos resultantes da práxis podem objetivar-se materialmente, como é o caso do trabalho e, idealmente, por exemplo, nos valores éticos e comportamentos políticos que se realizam sem que operem transformações em quaisquer estruturas materiais.

Dado o caráter histórico da produção e reprodução da vida social, o movimento dessas formas de práxis só pode ser pensado como sucessão descontínua de objetivações, constituindo totalidades concretas determinadas, cujos elementos constitutivos se transformam no decorrer do desenvolvimento de formações sociais específicas.

Na sociedade capitalista, a práxis é o processo coletivo das classes sociais em luta pela hegemonia no bloco histórico, isto é, como nos ensina Gramsci, pela direção intelectual e moral e pelo domínio político exercidos por uma classe social, em um determinado momento histórico, em determinada sociedade. O movimento no bloco histórico, isto é, entre estrutura e superestrutura, materializa-se na luta entre as classes fundamentais: a burguesia, classe detentora do capital e dos meios de produção, e o proletariado, a classe dos que só possuem a força de trabalho. A burguesia busca manter-se como classe hegemônica, dirigindo e controlando a prática social em função dos seus interesses; e o proletariado luta para se erigir como classe hegemônica na transformação das relações de exploração e dominação às quais está submetido.

As classes sociais, em suas relações de luta de hegemonia, constroem e desenvolvem projetos políticos específicos que englobam e articulam as formas particulares de manifestações da práxis, nos diferentes domínios da vida social.

O proletariado, como classe que tem, historicamente, a função revolucionária de transformação da sociedade capitalista, encontra na própria dinâmica da sociedade as condições históricas para criar uma nova forma ético-política, que significa "[...] a elaboração superior da estrutura em superestrutura na consciência dos homens", que, ao mesmo tempo, representa "[...] a passagem do 'objetivo ao subjetivo' e da 'necessidade à liberdade'" (Gramsci, 1999, CC 10, § 6, p. 314). Para Gramsci, trata-se da fixação do momento catártico, como "[...] ponto de partida de toda a filosofia da práxis;[1] o processo catártico coincide com a cadeia de sínteses que resultam do desenvolvimento dialético" (Gramsci, 1999, CC 10, § 6, p. 315).

1. Filosofia da práxis, nomenclatura formulada originalmente por Antonio Labriola (Dainotto, 2017, p. 300), "remonta a *Discorrendo di socialismo e di filosofia* [Discorrendo sobre socialismo e filosofia] (1897) de Antonio Labriola: a filosofia da práxis [...] é a medula do materialismo histórico", que Gramsci assimila não como sinônimo do materialismo histórico, mas como filosofia original e independente.

Nessa perspectiva, pensando a constituição da hegemonia do proletariado, Gramsci (1999, CC 11, §, p. 104) explicita o papel da superestrutura e sua relativa autonomia em relação à estrutura, ressaltando a importância do desenvolvimento político da hegemonia que, para além de um progresso político prático, representa "[...] um grande progresso filosófico, já que implica e supõe necessariamente uma unidade intelectual e uma ética adequada a uma concepção do real que superou o senso comum e tornou-se crítica, mesmo que dentro de limites ainda restritos". Esse processo de superação do senso comum só é possível nos marcos da filosofia da práxis.

Assim, a partir da filosofia da práxis, diz Gramsci sobre a dicotomia entre a teoria e a prática na sociedade capitalista:

> O homem ativo de massa atua praticamente, mas não tem uma clara consciência teórica desta ação, a qual, não obstante, é um conhecimento do mundo na medida em que o transforma. Pode ocorrer, aliás, que sua consciência teórica esteja historicamente em contradição com seu agir. É quase possível dizer que ele tem duas consciências teóricas (ou uma consciência contraditória): uma, implícita em sua ação, e que realmente o une a todos os seus colaboradores na transformação prática da realidade; e outra, superficialmente explícita ou verbal, que ele herdou do passado e acolheu sem crítica. Todavia, esta concepção "verbal" não é inconsequente: ela liga a um grupo social determinado, influi sobre a conduta moral, sobre a direção da vontade, de uma maneira mais ou menos intensa, que pode até mesmo atingir um ponto no qual a contraditoriedade da consciência não permita nenhuma ação, nenhuma escolha e produza um estado de passividade moral e política (Gramsci, 1999, CC 11, § 12, p. 103).

Sobre esse processo de contraditoriedade da consciência e seu alcance, Gramsci acrescenta:

> A compreensão crítica de si mesmo é obtida, portanto, através de uma luta de "hegemonias" políticas de direções contrastantes, primeiro no campo da ética, depois no da política, atingindo, finalmente, uma elaboração superior da própria concepção do real. A consciência de fazer parte de uma determinada força hegemônica (isto é, a consciência política) é a primeira fase de uma ulterior e progressiva autoconsciência, na qual teoria e prática finalmente se unificam. Portanto, também a unidade de teoria e prática não é um dado de fato mecânico, mas um devir histórico, que tem a sua fase elementar e primitiva no

> sentimento de "distinção", de "separação", de independência quase instintiva, e progride até a aquisição real e completa de uma concepção do mundo coerente e unitária (Gramsci, 1999, CC 11, § 12, p. 103-104).

Na sua concepção da unidade teoria e prática como devir histórico, Gramsci (1999) destaca um processo progressivo, que se desenvolve desde a consciência política até uma fase de elaboração superior de concepção de mundo unificada. Nessa mesma trilha de pensamento, argumenta que:

> [...] nos mais recentes desenvolvimentos da filosofia da práxis, o aprofundamento do conceito de unidade entre a teoria e a prática permanece ainda numa fase inicial: subsistem ainda resíduos de mecanicismo, já que se fala da teoria como "complemento" e "acessório" da prática, da teoria como serva da prática (Gramsci, 1999, CC 11, § 12, p. 104).

Para Gramsci (1999, CC 11, § 12, p. 104), o problema do mecanicismo residual "[...] deve ser colocado historicamente, isto é, como um aspecto da questão política dos intelectuais". Assim se coloca a exigência histórica de criação de uma elite de intelectuais e da relação dialética intelectual-massa, uma vez que:

> [...] uma massa humana não se "distingue" e não se torna independente "para si" sem organizar-se (em sentido lato); e não existe organização sem intelectuais, isto é, sem organizadores e dirigentes, ou seja, sem que o aspecto teórico da ligação teoria-prática se distinga concretamente em um estrato de pessoas "especializadas" na elaboração conceitual e filosófica. Mas este processo de criação dos intelectuais é longo, difícil, cheio de contradições, de avanços, e de recuos, de debandadas e de reagrupamentos; e, nesse processo, a "fidelidade" da massa (e a fidelidade e disciplina são inicialmente a forma que assume a adesão da massa e a sua colaboração no desenvolvimento do fenômeno cultural como um todo) é submetida a duras provas. O processo de desenvolvimento está ligado a uma dialética intelectual-massa; o estrato dos intelectuais se desenvolve quantitativa e qualitativamente, mas todo progresso para uma nova "amplitude" e complexidade do estrato dos intelectuais está ligado a um movimento análogo da massa dos simples, que se eleva a níveis superiores de cultura e amplia simultaneamente o seu círculo de influência, com a passagem de indivíduos, ou mesmo de grupos mais ou menos importantes, para o estrato dos intelectuais especializados (Gramsci, 1999, CC 11, § 12, p. 104-105).

No mundo capitalista contemporâneo, em particular na formação social brasileira, a práxis reflete um modo peculiar de construção da vida social, fundado na mercantilização universal e na produção da mais-valia, que representam a condição e o produto das relações de dependência, alienação e antagonismo entre os homens que pertencem às duas classes sociais fundamentais: a burguesia e o proletariado. Como dito, a práxis traduz a luta de classes na construção/transformação da vida social, tendo o trabalho como referência primeira e não a única desse movimento.

Sob esta ótica, a perspectiva da práxis emancipatória vincula-se à tarefa histórica revolucionária da classe trabalhadora de superação da ordem burguesa e da sua própria supressão na construção de uma nova ordem societária. Esta perspectiva, atualmente, é profundamente tensionada pela ofensiva neoliberal que intensifica a mercantilização em todas as dimensões da vida social, não só consubstancia e promove a superexploração da força de trabalho, o desemprego, a supressão/redução dos sistemas públicos de proteção social com transferência dessa função estatal para a sociedade, em que é fortalecido o chamado terceiro setor no enfrentamento das desigualdades, como também investe na difusão da ideologia conformista emanada do fundamentalismo econômico somado ao fundamentalismo religioso e na desmobilização, no enfraquecimento da resistência e da organização autônoma das classes subalternas, agravados desde a derrocada das experiências do chamado socialismo real, no final da década de 1980, em que perde força a perspectiva da emancipação humana como horizonte histórico de um projeto societário alternativo ao capitalismo.

Com esses fundamentos histórico-conceituais, buscamos situar o debate sobre a categoria práxis em Serviço Social.

Que referências podem ser destacadas no debate da categoria práxis em Serviço Social?

Como analisamos em outro trabalho (Cardoso; Abreu, 2014),[2] os estudos iniciais sobre a categoria práxis no Serviço Social brasileiro se vinculam ao

2. Retomamos e ampliamos ideias centrais desenvolvidas no artigo de Cardoso e Abreu (2014).

debate introduzido a partir do Movimento de Reconceituação do Serviço Social na América Latina deflagrado em 1965,[3] com destaque para as contribuições de Vicente de Paula Faleiros (1972; 1981),[4] Boris Alexis Lima (1972; 1976),[5] Maria Angélica Gallardo Clark (1973), Ezequiel Ander-Egg (1973), Escola de Serviço Social da Universidade Católica de Minas Gerais, Belo Horizonte (MG) (1974),[6] dentre muitas outras relacionadas à crítica e à contestação do projeto tradicional conservador de influência estadunidense e à busca de novas bases de fundamentação, apoiadas no marxismo para a construção de um novo projeto profissional para a América Latina.

Os estudos iniciais sobre a temática, de modo geral, concentraram-se na discussão em torno da questão da metodologia do trabalho social, com enfoque na relação entre teoria e prática, tida como condição para o avanço teórico e prático da profissão na realidade latino-americana. Portanto, trata-se de uma abordagem ainda muito restrita, parcial no que diz respeito à complexidade da práxis como a categoria teórica mais geral do pensamento marxiano e da tradição marxista.

No Brasil, sob essas influências, foram estruturadas, em grande parte, as experiências acadêmicas de pesquisa-ação nos anos 1970-1980, na base

3. A realização do I Seminário de Serviço Social face às mudanças sociais na América Latina, em 1965, em Porto Alegre (RS), Brasil, organizado por um grupo de assistentes sociais de Argentina, Brasil, Bolívia, Paraguai e Uruguai, é considerada, com certo consenso no debate acadêmico, a principal referência da deflagração do Movimento de Reconceituação do Serviço Social no continente.

4. A publicação de 1981 é uma versão revista e ampliada da primeira, em 1972.

5. A obra *Contribuição à metodologia do Serviço Social* (1976), originalmente, foi publicada com o título *Epistemología del Trabajo Social* (1972). Devemos destacar a publicação do mesmo autor em coautoria com Lady Margarita Fonseca, intitulada *Contribuición a la epistemología del Trabajo Social*, na coletânea *Compendio sobre Metodología para El Trabajo Social* (Buenos Aires: Ecro, 1974), organizada pelo Instituto de Solidariedad Internacional de la Fundación Konrad Adenauer, com trabalhos e conferências selecionadas entre as apresentadas em cursos e seminários realizados pelo Proyecto de Trabajo Social para a América Latina del Instituto de Solidariedad Internacional de la Fundación Konrad Adenauer. Tal projeto ficou sob a direção geral de Klaus Oehler e direção acadêmica de Consuelo Quiroga.

6. Essa experiência integra a mesma coletânea organizada pelo Instituto de Solidariedad Internacional de la Fundación Konrad Adenauer. O Método BH, como ficou conhecido, é considerado a primeira aproximação do Serviço Social ao marxismo no Brasil, e exerceu grande influência na formação profissional, destacadamente na revisão curricular dos anos 1970 coordenada pela ABESS, que culminou com a aprovação do currículo mínimo, em 1979, na XXI Convenção Nacional da ABESS realizada em Natal (RN), e em 1982, pelo Conselho Federal de Educação/MEC.

dos chamados projetos pilotos (caracterizados como estágio, pesquisa e extensão) desenvolvidos em cursos de Serviço Social no país. Tais experiências foram viabilizadas nos marcos contraditórios da reforma da instituição universitária engendrada pela ditadura militar (1964-1985), com o propósito de controle da educação superior e da produção intelectual. Em que pesem as limitações e os equívocos teóricos e operativos dessas primeiras experiências, como acentuam as análises de Santos (1982), Carvalho (1982), Netto (1991), entre outras, constituíram espaços de reflexão sobre o Serviço Social, privilegiando o eixo da metodologia, seguindo a tendência no Movimento de Reconceituação no continente, em que a categoria práxis é invocada para pensar a relação entre a teoria e prática; e contribuíram na busca de aproximação ao pensamento marxista ainda sob a influência do marxismo acadêmico (Hobsbawm, 1991), como assinalou José Paulo Netto (1991, p. 269), "[...] com fortes traços de redução epistemologista [...]".

Embora tenha sido um eixo desencadeador dos estudos iniciais sobre o marxismo no Serviço Social, o debate sobre a práxis vinculado à questão metodológica não se adensou, mas desencadeou polêmicas, como se observou no âmbito da pesquisa sobre o ensino da metodologia em Serviço Social,[7] pesquisa essa motivada a partir das inovações colocadas pelo currículo de 1979/1982, centrada na relação método, teoria e história. Também esse debate se colocou como polêmica nos anos 1990, no processo de elaboração das Diretrizes Curriculares (DC) de 1996/2002, em relação à defesa da categoria trabalho, em detrimento da categoria práxis, como fundamento ontológico da natureza do Serviço Social.[8] Entretanto, é importante ressaltar que os estudos sobre a categoria práxis em Serviço Social não se esgotam nesses dois eixos, vão além e têm destaque em relação à

7. Trata-se da pesquisa nacional sobre as tendências da metodologia no Serviço Social no ensino a partir do novo currículo 1979/1982, coordenada pela professora Aldaiza Sposati. A pesquisa foi patrocinada pelo Programa de Estudos Pós-Graduados em Serviço Social da Pontifícia Universidade Católica de São Paulo (PUC-SP) e pela, então, ABESS, no período 1987/1988. Seus resultados estão publicados nos *Cadernos Abess*, São Paulo, n. 3, 1989.

8. Sobre a posição das autoras em relação às polêmicas, consultar: Maciel e Cardoso (1989); Cardoso (2000); Cardoso e Abreu (2014).

busca de fundamentos sobre a ética profissional, em que se coloca o pressuposto de que a ética "[...] é concebida, *antes de tudo*, como práxis [...]" (Barroco, 2010, p. 16, grifos da autora); no debate sobre a instrumentalidade, abordada como matriz categorial na análise da instrumentalidade do Serviço Social, desenvolvida por Guerra (1995); e como base da constituição histórica do Serviço Social como profissão e área de conhecimento no movimento totalizante da sociedade, do qual é uma expressão (Cardoso; Abreu, 2014; Lopes; Abreu; Cardoso, 2014; Maciel; Cardoso, 1989) que defendemos neste livro.

Reiteramos a importância e a atualidade da categoria práxis, como "atividade humana sensível" (Marx, 1993, p. 11) e fundamento da vida social, mediante a qual o homem é transformado em sujeito histórico, pois é na práxis que ele "[...] deve demonstrar a verdade, isto é, a realidade e o poder, o caráter terreno de seu pensamento" (Marx, 1993, p. 12). Sob esse ponto de vista, a vida social processa-se por meio da atividade prática sensível dos homens, como sujeitos históricos, que a realizam sempre no âmbito e através de um conjunto de mediações que determinam a sua inserção particular na totalidade das relações sociais, ao mesmo tempo que exercem influência sobre elas. Portanto, reafirmamos como categoria histórico-conceitual que fundamenta o Serviço Social como profissão e área de conhecimento, e orienta a sua análise como objeto histórico que se move, hoje, no contexto da crise do capitalismo neoliberal e sofre os efeitos perversos do seu avanço. Como profissão que tem uma função social na história, precisa rever, permanentemente, a sua objetivação como expressão da práxis, construindo respostas às demandas da classe trabalhadora, a cujos interesses o seu projeto ético-político profissional busca vinculação, na perspectiva da luta pela emancipação humana; e produzindo conhecimento sobre a realidade social que garanta uma intervenção consequente e contribua para o avanço teórico-histórico do Serviço Social como área de conhecimento. Essas dimensões, da intervenção e da produção de conhecimento, constituem uma unidade orgânica na totalidade do Serviço Social, ressalvadas as particularidades que singularizam cada uma delas e lhes garantem uma autonomia relativa, como dito.

Quais os principais marcos históricos da constituição do Serviço Social como totalidade histórica e expressão da práxis, a partir de 1970, no Brasil?

Reiteramos que o Serviço Social, como totalidade histórica, define-se por um conjunto ou complexo de determinações que, inserido no movimento real totalizante de uma determinada formação social, transforma as suas determinações constitutivas e transforma-se na totalidade como profissão e área de conhecimento, ao mesmo tempo que exerce influência nas transformações qualitativas das totalidades concretas em que se insere na história. É, portanto, determinado socialmente e tem uma função na história (Cardoso, 2016).

A partir desse entendimento é que, nesta exposição, periodizamos a história a partir da metade da década de 1970 e início de 1980 até a atualidade, pensando o Serviço Social como profissão e área de conhecimento, expressão da práxis, no movimento real da totalidade social brasileira nesse período, considerado o mais rico do seu desenvolvimento na história. O corte temporal dessa demarcação é a partir dos anos 1970 e início de 1980, quando é deflagrado, no Brasil, o processo de ruptura com práticas profissionais conservadoras e concepções ideopolíticas produzidas sobre a realidade social, com perspectiva de manutenção do *status quo*, até o momento atual. Tal processo culmina com a explicitação e a hegemonia da tendência de intenção de ruptura (Netto, 1991).

No Brasil, com a crise do milagre econômico, no âmbito da crise mundial do capitalismo, em 1974/1975, e a insatisfação das classes subalternas expressa no plano institucional, com as eleições de 1974 — na vitória do Movimento Democrático Brasileiro (MDB)[9] —, a ditadura vê-se obrigada a reorientar o seu projeto político, ampliando a abertura, embora dentro do limite que lhe permitisse não perder o controle.

Dessa forma, o governo toma algumas medidas, tais como: fim da censura à imprensa; revogação do Ato Institucional n. 5, de 13 de dezembro de 1968 — principal instrumento de exceção com que contavam os generais/presidentes para a administração do arbítrio; restabelecimento do *habeas corpus*; o fim das cassações; a extinção do poder presidencial de decretar o

9. O MDB era o único partido legal de oposição na década de 1970.

recesso do Congresso Nacional etc. Essas medidas, certamente, são limitadas por outras que não deixam o Estado sem posse de outros instrumentos adequados à sua *salvaguarda* diante de situação de crise e de convulsão social (Fernandes, 1982).

É nesse contexto de abertura controlada, ainda no governo Geisel (1974-1979), que se iniciam, em 1977, dentre outras, as grandes mobilizações operárias a partir do ABC Paulista e a reorganização da União Nacional dos Estudantes (UNE) — com manifestações coletivas.

Nessa conjuntura ambígua, destacam-se, na luta pelas liberdades democráticas: a presença do movimento estudantil, cujo significado nas lutas do período expressou-se pela explicitação de solidariedade com os trabalhadores; a presença marcante da Igreja Católica, com forte atuação das pastorais, através das comunidades eclesiais de base e com comportamento de franca oposição ao governo militar e ao sistema capitalista; e as grandes mobilizações da classe operária, iniciadas em 1977, na luta pela reposição salarial e nas greves ocorridas nos anos subsequentes, na virada da década de 1970 (Cardoso, 1995).

Destacam-se, ainda, movimentos expressivos de organização de categorias profissionais que, embora criadas e desenvolvidas com vínculos orgânicos com a burguesia, expressavam, naquele momento, uma perspectiva de construção de práticas alternativas vinculadas aos interesses das classes subalternas. No caso do Serviço Social, movimentos de organização, de resistência e de rupturas com práticas tradicionais e concepções ideopolíticas conservadoras expressaram-se, principalmente, nos organismos de representação e de organização dos assistentes sociais, sob o impacto dos movimentos sociais naquele momento histórico. O III Congresso dos Assistentes Sociais — o chamado *Congresso da Virada* —, realizado em São Paulo, em 1979, e a XXI Convenção da ABESS (hoje ABEPSS), realizada no mesmo ano, em Natal, são expressões desses processos de organização e resistência, e de mudanças qualitativas no movimento real da profissão. O Congresso, organizado pelo então Conselho Federal dos Assistentes Sociais (CFAS), de tendência conservadora, contou com a participação organizada, ativa e antagônica de um significativo grupo de profissionais vinculado ao movimento sindical e às lutas sociais, que abriu a perspectiva de organização sindical dos assistentes sociais, através do movimento Pró-Associação Profissional dos Assistentes Sociais (Pró-APAS), coordenado pela Comissão Executiva Nacional de Entidades de Assistentes Sociais (CENEAS,1978/1984), depois Associação Nacional de Assistentes Sociais (ANAS, 1984/1995).[10] Na XXI Convenção da ABESS, foi aprovado, pela assembleia geral da entidade, um novo currículo mínimo (1979) para o curso de Serviço Social, na perspectiva de compromisso profissional com os interesses das classes subalternas, o qual, em 1982, foi regulamentado pelo Conselho Federal de Educação do Ministério da Educação (Resolução n. 6, de 23 de setembro de 1982).

Como sabemos, as mudanças qualitativas na profissão não são isoladas do contexto histórico; elas se vinculam, organicamente, ao movimento concreto da totalidade a que pertencem, seja na mesma direção da ordem vigente, seja na contramão dessa ordem. Essa relação orgânica do Serviço Social no contexto histórico, em qualquer das direções, efetiva-se por meio de movimentos organizativos da categoria profissional, da formação profissional, pela produção de conhecimentos e pelas práticas interventivas de ruptura com a ordem, ou de manutenção desta. Ou seja, essa relação orgânica no movimento concreto da totalidade a que pertence envolve as diferentes dimensões que configuram o Serviço Social como profissão e área de conhecimento, como totalidade histórica.

Embora seja a intervenção a dimensão primeira definidora da natureza e da identidade profissional e, nessa condição, como dito na Introdução, "[...] articula e determina as demais dimensões em que pesem a especificidade e a autonomia, que é relativa, de cada uma delas" (Lopes; Abreu; Cardoso, 2014, p. 196), de que emana a necessidade dos avanços teórico-metodológicos e ético-políticos nas últimas quatro décadas, é a dimensão mais resistente à reconstrução crítica na perspectiva dos interesses emancipatórios das classes subalternas, dada a sua imbricação mais imediata e profunda no sistema de controle dominante e, por isso, os grandes desafios que se põem nessa dimensão, dentre os quais a reconstrução técnico-operativa nessa direção.

---

10. Para aprofundamento do movimento organizativo sindical da categoria de assistentes sociais, ver a análise de Abramides e Cabral (1995).

Na conjuntura brasileira da segunda metade da década de 1970, os espaços da intervenção profissional ampliaram-se, extrapolando o âmbito institucional tradicional do mercado de trabalho, para uma aproximação maior com o movimento organizativo das classes subalternas. No processo de redefinição do Serviço Social como profissão e área de conhecimento, foi ocorrendo a perda de hegemonia da perspectiva modernizadora que, embasada em referências neopositivistas, caracterizou o Serviço Social nas décadas anteriores e configurou-se um projeto de ruptura da vinculação da profissão ao poder burguês que marcou a profissão historicamente. Essa tendência de renovação do Serviço Social, chamada por José Paulo Netto (1991) de *intenção de ruptura*, vai estabelecer a interlocução do Serviço Social com a tradição marxista, em todas as dimensões da profissão, sobretudo na formação profissional no âmbito acadêmico.

Essa mudança de direção teórico-metodológica e política está ligada ao movimento cultural que se gesta na época, no país, recolocando, em debate, diferentes tendências do marxismo, em um momento histórico de profundas alterações na sociedade brasileira, no contexto da América Latina, em que se desencadeia, como dito, a organização do Movimento de Reconceituação do Serviço Social nesse continente. Assim, é na virada dos anos 1970 e para o início dos anos 1980 que o Serviço Social efetiva uma significativa inflexão, tanto em termos teórico-ideológicos quanto político-profissionais.

Progressivamente, no curso dos anos 1980, vão surgindo estudos e práticas interventivas que se distanciam, cada vez mais, das tendências conservadoras, e tomam como referências categorias marxistas construídas nas contradições dos espaços institucionais de formação acadêmica e do mercado de trabalho no confronto com outras tendências, alinhadas à tendência conservadora dominante.

Nesse processo, sob a orientação da tradição marxista, avança a constituição do Serviço Social como área de conhecimento, em que as temáticas do debate acadêmico profissional, durante a década de 1980, podem ser aglutinadas em dois grandes eixos: (a) a crítica teórico-metodológica, tanto do conservadorismo quanto do marxismo vulgar, colocando a polêmica em torno das relações entre teoria, método e história, com claras derivações, no âmbito da formação profissional; (b) e a construção da análise da trajetória histórica do Serviço Social no Brasil (Netto, 1991). Assim, os eixos do debate brasileiro, constantes da produção acadêmica do período considerado, incidem predominantemente sobre a inserção histórica do Serviço Social na sociedade brasileira, desdobrando-se na reconstrução histórica do desenvolvimento da profissão no país, ou em um aprofundamento das determinações e dos efeitos sociais dos processos interventivos e da formação profissional. Entretanto, nessa mesma década, ganha força a temática políticas sociais, como evidencia a análise das temáticas de pesquisa e produção do conhecimento no período 1974/1995, compondo com o eixo Serviço Social, que tem a primazia, o segundo eixo de maior concentração da produção teórica da área, seguido dos eixos referidos aos movimentos sociais e de temas dispersos vinculados ao eixo da questão social (Kameyama, 1996), como detalhamos no Capítulo 3 nesta primeira parte do livro, na análise das tendências da pesquisa e produção do conhecimento no Brasil.

Reiteramos que nesse contexto, com base no desenvolvimento da pesquisa e da produção do conhecimento impulsionado com criação da pós-graduação no início dos anos 1970, o Serviço Social é institucionalizado como área de conhecimento no âmbito do CNPq, como dito na Introdução. A área do Serviço Social foi institucionalizada com uma configuração categorial expressa em duas subáreas, ainda insuficientes para abarcar o complexo campo temático que vinha se desenhando ao longo das décadas de 1970 e 1980, consolidado na década seguinte, com o avanço da aproximação às fontes originais do marxismo, e a ampliação e a difusão de expressiva bibliografia. A área do Serviço Social no CNPq com o código 6.10.00.00-0 se desdobra em duas subáreas: 6.10.01.00-7 — Fundamentos do Serviço Social; e 6.10.02.00-3 — Serviço Social Aplicado, com as seguintes especialidades: 6.10.02.01-1 Serviço Social do Trabalho; 6.10.02.02-0 Serviço Social da Educação; 6.10.02.03-8 — Serviço Social do Menor; 6.10.02.04-6 — Serviço Social da Saúde; 6.10.02.05-4 — Serviço Social da Habitação. Essa configuração é ainda a que persiste nas agências, não cobre a diversidade e a complexidade do campo temático da área, que abordamos no Capítulo 3 deste livro.

O desenvolvimento do Serviço Social como profissão e área de conhecimento é fortemente tensionado pelas transformações contemporâneas sob a égide do neoliberalismo, que se intensificam mundialmente desde o final da década 1980, com expressões mais perversas na periferia do sistema, como é o caso do Brasil, pois reconfiguram as condições objetivas e subjetivas das práticas sociais de um modo geral, sobretudo aquelas que buscam vinculação à luta das classes subalternas nas contradições entre as necessidades básicas e imediatas de subsistência e a organização dessa classe na perspectiva de sua emancipação.

Assim, a partir do final da década de 1980, com o avanço da crise global da sociedade contemporânea — expressa "na crise do Welfare State, no colapso do socialismo real e no fracasso das tentativas 'terceiro-mundistas' de superar a sua extrema subalternização no circuito econômico-político mundial" (Netto, 1993, p. 7) — e, depois, por toda a década de 1990 e início do século XXI, a ideologia neoliberal firma-se mundialmente como saída para crise, com a primazia do capital financeiro sob a hegemonia dos Estados Unidos e, contraditoriamente, aprofundam-se as condições de sua própria crise reveladas atualmente nas chamadas estratégias ultraneoliberais e inflexões nas relações entre blocos econômicos. Sob essa orientação, no Brasil, sobretudo na última década do século XX, a política governamental apresenta uma acentuada tendência a criar mecanismos facilitadores da transformação dos serviços públicos de caráter social em atividades rentáveis para o capital, isto é, como mercadoria.

A perspectiva neoliberal de redução das ações estatais no âmbito da reprodução social funda-se na retórica de que o Estado não deve ser agente de proteção social, enquanto intensifica a destinação do fundo público para a reprodução ampliada do capital. Assim, desloca para a sociedade (familiares, comunidade, associações voluntárias, filantropia empresarial, dentre outras) a provisão social. O projeto neoliberal amplia e aprofunda, assim, as desigualdades e a pobreza, ao mesmo tempo que reduz a possibilidade do Estado de investir em políticas sociais que atendam, minimamente, às demandas das classes subalternas, para garantia de sua sobrevivência. Esse projeto submete as necessidades sociais aos interesses econômicos, cujo objetivo principal é a maximização dos lucros dos empresários privados (Cardoso, 1995).

Nesse contexto, a atuação profissional do assistente social assume uma nova configuração em face das alterações no perfil das políticas sociais sob a flexibilização neoliberal e suas implicações nas metamorfoses do mercado de trabalho profissional, já que este é fundamentalmente formado no âmbito dessas políticas. As alterações na atuação profissional impostas pelas reformas neoliberais refletem as contradições entre dois vetores: o movimento de reestruturação das relações de produção e de trabalho pelo capital, em crise, a partir da superexploração do trabalho, associada às reformas do aparelho do Estado para o mercado que refuncionalizam as políticas sociais através das estratégias de privatização; e as formas de luta e resistência das classes subalternas, em face da precarização do trabalho e da fragmentação em que se encontram como força do trabalho.

Sob essas determinações, podemos falar de uma "[...] nova morfologia do trabalho de assistentes sociais sob a hegemonia das políticas neoliberais" (Raichelis, 2019, p. 50). De modo geral, essa nova morfolologia pode ser caracterizada, principalmente, pela tendência de redução dos contratos formais de trabalho, potencializada pela introdução de novas tecnologias microeletrônicas poupadoras de força de trabalho; pelo aumento do desemprego estrutural; pela precarização e pela deterioração da qualidade e das condições de trabalho e da relação salarial, agravadas com as clivagens de gênero, geração, raça e etnia (Raichelis, 2019). Particularmente em relação ao mercado do trabalho do Serviço Social, a autora acentua a ampliação dos:

> [...] processos de subcontratação de serviços individuais de assistentes sociais *(pejotização e uberização)*, por parte de empresas de serviços ou de assessoria, de organizações não governamentais, de (falsas) cooperativas de trabalhadores na prestação de serviços a governos, especialmente no âmbito local, configurando-se o exercício profissional privado autônomo, temporário, por projeto, por tarefa, decorrentes das novas formas de organização e operação das políticas sociais (Raichelis, 2019, p. 51, grifos da autora).

Assim, no contexto atual das transformações da sociedade brasileira, temos o agravamento da questão social acompanhado da negação de direitos conquistados historicamente pelos trabalhadores, ampliados com a Constituição Federal (CF) de 1988. Reiteramos que as políticas neoliberais repercutem de forma perversa, ao intensificar a exploração da força de trabalho e o desemprego estrutural, ao mesmo tempo que excluem um grande contingente populacional que já é expropriado de toda a riqueza material e intelectual produzida socialmente — amplos segmentos constituídos pelas classes subalternas. Com esses segmentos, o Serviço Social tem uma vinculação histórica, seja no campo da reprodução da força de trabalho, via política de Assistência Social, como política pública inscrita no Sistema de Seguridade Social, a partir da CF/1988 e principal estratégia de enfrentamento da pobreza; seja no campo da organização, tendo presente a conexão entre esses espaços de trabalho do assistente social. Essa conexão vem sendo mediada predominantemente pela luta por direitos e liberdades democráticas, marco histórico no movimento de construção do projeto ético-político profissional. Esse projeto, embora eivado de polêmicas, ainda que a assistência seja o núcleo central da profissão, vincula a intervenção aos interesses da classe trabalhadora e à necessidade histórica de emancipação dessa classe, na especificidade da sociedade brasileira (Lopes; Abreu, 2018).

É nessa mesma perspectiva que se reconstrói a direção social da formação profissional do assistente social, tendo como horizonte a emancipação da humanidade no processo de superação da ordem burguesa. Essa direção movimenta-se na contramão do projeto neoliberal e impõe a necessidade de continuarmos avançando na perspectiva de ruptura com as velhas práticas profissionais e com a velha sociedade. Trata-se de um projeto sintetizado nas DC de 1996, aprovadas pelo Conselho Nacional de Educação (CNE/MEC) em 2002, sob a égide das reformas neoliberais no âmbito da Educação Superior, com significativas alterações que tendem a reducionismos teórico-metodológicos e desvios ético-políticos da formação na direção anteriormente mencionada. As duas versões das Diretrizes Curriculares (ABESS/1996; CNE/MEC/2002) se confrontam nas tensões da política privatista mercantilista da educação superior, que *"[...] opera para degradar e aviltar a formação profissional", com a proliferação de cursos privados que primam por uma formação imediatista instrumental e a expansão "[...] fora de qualquer controle efetivo da 'educação a distância'"* (Netto, 2007, p. 39, grifos do autor).

A partir dos anos 1990, vivencia-se um processo de redefinição do vínculo do Serviço Social às lutas das classes subalternas, o qual se intensificou em todo o país, na segunda metade da década de 1970, com significativo avanço nos anos 1980. Esse avanço dos anos 1980 se expressou, dentre outras formas, pela atuação profissional em espaços de formação e organização políticas dos trabalhadores: sindicatos, associações profissionais, movimentos sociais populares urbanos e rurais, entre outros. Nesses espaços e nos demais da atuação profissional nessas décadas (1970 e 1980), colocavam-se, como possibilidades reais, a perspectiva de fortalecimento da mobilização social e a organização, de modo a contribuir para viabilizar projetos de interesse dessas classes, na construção de novas relações de hegemonia na sociedade e na superação da sua condição de dominados político-ideológica e econômica. Entretanto, na atualidade, a partir de 1990, marcada pelo agravamento da questão social e por retrocessos políticos organizativos e profissionais, sobretudo em instituições que operam as políticas sociais, observamos como uma tendência o "[...] redirecionamento da perspectiva de mobilização social e organização, no horizonte da emancipação humana, para o horizonte da subalternidade, buscando a legitimação, pelas classes subalternas do atual padrão da política social, sob a égide do neoliberalismo" (Cardoso; Lopes, 2009, p. 469). É o que podemos identificar no engajamento de organizações populares em mecanismos de participação que reforçam o padrão de políticas sociais, que transfere para o setor privado as responsabilidades do Estado, em detrimento do atendimento às necessidades como direito; na cooptação das organizações e nas lutas das classes subalternas pela intensificação de programas eminentemente assistencialistas, mas que atendem, mesmo precariamente, às demandas prementes das classes subalternas.

> Nesta condição, essas classes vivem também profunda contradição entre a necessidade histórica de organização na perspectiva da emancipação sustentadas na solidariedade, e, ao mesmo tempo, e imediatamente, a necessidade e a dependência de políticas assistenciais míseras (Lopes, Abreu, Alcântara, 2008) que constituem a base de sustentação do assistencialismo (Lopes, 2009, p. 26).

Essa realidade repercute no Serviço Social como profissão e área de conhecimento, na medida em que:

> [...] a grande massa dos assistentes sociais, como profissionais, intelectuais encontra-se vulnerabilizada na condição de trabalhadores assalariados precarizados,

> suscetível à ofensiva ideológica do conservadorismo reacionário impregnada em todas as dimensões da vida (Abreu, 2022, p. 265).

Dessa ofensiva, os assistentes sociais participam como funcionários no âmbito das políticas sociais, uma vez que o Estado:

> [...] na função precípua de *educador* de massa (Gramsci, 1999, CC11, 2000a, CC12, Mandel, 1982) tem papel fundamental na difusão e inculcação da ideologia do conservadorismo como concepção de mundo unificadora de toda a sociedade. O Serviço Social constitui uma das mediações político-ideológicas mobilizadas pelo Estado para a educação das massas [...] (Abreu, 2022, p. 266).

Nesse quadro de tensões, é importante ressaltar o caráter contraditório da atuação profissional do assistente social como trabalhador assalariado precarizado, cuja história é um processo orgânico no movimento da sociedade em que se insere a profissão, sendo, portanto, determinada pelas contradições inerentes a esta sociedade e sobre as quais opera a ação interventiva em diferentes direções. Como vimos, o assistente social como trabalhador assalariado, precarizado, partilha da dicotomia entre a teoria e a prática, que marca a realidade de vida do conjunto das classes subalternas. Posto isso, reforçamos a necessidade da consciência da historicidade das classes subalternas e, particularmente, dos sujeitos profissionais no desempenho profissional, como estratégia no enfrentamento da questão social em suas expressões na vida cotidiana e na luta das classes subalternas, orientada no sentido da construção de novo projeto societário ao qual se vincula a construção do novo projeto profissional, em que se colocam as possibilidades e, ao mesmo tempo, o desafio de construção da unificação entre a teoria e a prática como devir histórico.

Nesse contexto, que desafios se colocam para o Serviço Social brasileiro na perspectiva da unificação da teoria e da prática?

Com base nos fundamentos históricos e conceituais explicitados, ressaltamos como grandes desafios para o Serviço Social nas transformações contemporâneas da sociedade brasileira: o fortalecimento dos vínculos com as instituições de organização da luta social, que permanecem na resistência contra o capital; o avanço na inserção nos movimentos de rearticulação da organização classista dos trabalhadores, em uma dinâmica vinculada à própria organização dos assistentes sociais como força de trabalho; o adensamento na produção teórica sobre as formações sociais concretas em que se insere e sobre os objetos históricos de sua intervenção.

As transformações ocorridas no mundo, no final do século XX e no século XXI, têm colocado grandes desafios aos estudiosos do processo histórico de desenvolvimento da sociedade, bem como às forças sociais progressistas e de esquerda em luta. É um processo mundial que apresenta particularidades nos Estados nacionais que expressam a situação de cada um, no contexto global em que se situa.

A compreensão dessa particularidade, no Brasil, é de fundamental importância na perspectiva de: recuperar historicamente esses desafios até a atualidade; contribuir teórica e politicamente com pesquisas históricas e publicações sobre a organização da classe trabalhadora e a relação com o Serviço Social, com destaque aos desafios para o enfrentamento das desigualdades sociais; e subsidiar o debate crítico em torno das temáticas de interesse do Serviço Social e as práticas sociais interventivas para o enfrentamento dos desafios mais gerais das classes subalternas na contemporaneidade.

Reiteramos que o atual momento histórico é marcado pela necessidade de sustentação teórico-política do Serviço Social, dado o avanço da reação conservadora e do movimento contrarrevolucionário no Brasil no contexto latino-americano e em todo o mundo, no bojo da ofensiva neoliberal em crise, como expressão das saídas à crise contemporânea global do sistema capitalista que se intensifica no país a partir dos anos de 1990 e que aprofunda a reprodução do trabalho alienado, base da dicotomia entre o pensar e o agir dos subalternos e de toda a sociedade.

Atividades Complementares

EXERCÍCIOS E TEXTOS DE APOIO

Leituras para aprofundamento

Para aprofundamento do estudo sobre a constituição histórica do Serviço Social como profissão e área de conhecimento no Brasil, tendo a categoria práxis como referência histórico-conceitual e a unificação teoria e prática como desafio, sugerimos as seguintes leituras para aprofundamento:

a) NETTO, J. P.; BRAZ, M. *Economia política*: uma introdução crítica. São Paulo: Cortez Editora, 2006. (Biblioteca Básica de Serviço Social, v. 1). Texto com importante discussão sobre a categoria práxis, em que se destacam distinções entre formas de práxis que se voltam para o controle e a exploração da natureza, além de outras formas voltadas para influir no comportamento e nas ações dos homens.

b) GRAMSCI, A. *Cadernos do cárcere*. Edição e tradução: Carlos Nelson Coutinho. Coedição: Luiz Sérgio Henriques e Marco Aurélio Nogueira. Rio de Janeiro: Civilização Brasileira, 1999. v. 1 (CC 11 e 10), que trabalha, dentre outros eixos temáticos, a unidade entre teoria e prática, negando-a como fato mecânico e afirmando-a como um devir histórico.

c) CARDOSO, F. G. O Serviço Social como totalidade histórica em movimento no Brasil contemporâneo. *In:* SILVA, M. L. de O. *Serviço Social no Brasil*: história de resistências e de ruptura com o conservadorismo. São Paulo: Cortez Editora, 2016. Analisa o Serviço Social como totalidade histórica com base nos fundamentos teórico-metodológicos da dialética materialista de Marx e da tradição marxista.

d) CARDOSO, F. G.; ABREU, M. M. Serviço Social como uma expressão da práxis na crise contemporânea do capitalismo: fundamentos e tendências no Brasil. *Revista de Políticas Públicas*, São Luís, n. 18, n. esp., p. 313-321, 2014. Anais da VI JOINPP. Disponível em: https://periodicoseletronicos.ufma.br/index.php/rppublica. Acesso em: 13 set. 2023. Discute fundamentos do Serviço Social como uma expressão da práxis no contexto da crise contemporânea do capitalismo neoliberal, na particularidade da sociedade brasileira. Busca sustentação na categoria da práxis a partir do pensamento de Marx e da tradição marxista com destaque para Gramsci, para avançar na análise das alterações nas condições concretas da emancipação humana.

Para refletir em grupo

Com base no conteúdo do capítulo, desenvolver uma reflexão individual e o debate coletivo entre grupos de alunos e de profissionais em seus espaços de estudo, de trabalho e de organização política.

a) Reflita sobre a categoria práxis e o que significa a unificação da teoria e da prática como seu núcleo essencial e devir histórico.

b) Destaque, sinteticamente, os principais marcos históricos da constituição do Serviço Social como totalidade histórica e expressão da práxis, a partir de 1970, no Brasil.

Dicas culturais

FILMES

a) SOCIEDADE literária e a torta de casca de batata. Direção: Mike Newell. Reino Unido/EUA: Netflix, 2018. (124 min), son., color.

b) CIDADE de Deus. Direção: Fernando Meirelles, Kátia Lund. Brasil: Imagem Filmes, 2002. (130 min), son., color.

c) MARIGHELLA. Direção: Wagner Moura. Brasil: Paris Filmes, 2021. (155 min), son., color.

d) SOCIEDADE dos poetas mortos. Direção: Peter Weir. EUA: Walt Disney Pictures, 1989. (128 min), son., color.

Capítulo 2

A dimensão interventiva do Serviço Social como principal referência da pesquisa e da produção do conhecimento

Os filósofos apenas interpretaram o mundo de diferentes formas; porém, o que importa é transformá-lo.

KARL MARX

Quais as principais determinações histórico-conceituais da intervenção profissional como dimensão primeira definidora da natureza e da identidade profissional?[1]

É importante retomar que é como profissão que o Serviço Social se institucionaliza na sociedade capitalista, na dinâmica dos monopólios, a

1. Reiteramos o entendimento de que a definição da natureza e da identidade do Serviço Social se imbrica na constituição histórica da profissão, em que a intervenção é a referência primeira (Lopes; Abreu; Cardoso, 2014). O debate sobre a identidade e a natureza do Serviço Social é atual no meio acadêmico-profissional, como podemos constatar na bibliografia disponível. Dentre as publicações sobre essas temáticas, destacamos: Martinelli (1997); Netto (1992); Montaño (2007); Conselho Federal de Serviço Social e Associação Brasileira de Ensino e Pesquisa em Serviço Social (2009); Conselho Federal de Serviço Social (2002); Lopes e Abreu (2018).

partir da intercorrência do conjunto de processos econômicos, sociopolíticos e teórico-culturais, em vinculação às estratégias do Estado burguês quando "[...] se enfrenta com a 'questão social' tipificada em políticas sociais" (Netto, 1992, p. 70). Tais estratégias qualificam necessidades diferenciadas das classes sociais em demandas sociais (Heller, 1986), numa tentativa de generalização, transmutação e redução das necessidades das classes subalternas, a partir das necessidades da classe dominante, apresentadas como gerais e comuns a toda sociedade, atreladas ao sistema do controle do capital[2] na *reprodução do metabolismo social* (Mészáros, 2002). Como afirma Heller (1986, p. 82, tradução nossa), com base em Marx, "[...] a 'necessidade social' referida à demanda é, portanto, mera aparência, não expressando as necessidades sociais 'reais' da classe trabalhadora, e inclusive as 'transfigura' em seu contrário". Desse modo, a questão social da qual as necessidades sociais são constitutivas traduz e aprofunda os interesses antagônicos entre as classes sociais, tensiona a práxis em sua totalidade e ativa formas diversas e conflitantes de intervenção social.

O movimento de definição das estratégias interventivas pelo Estado produz, ao mesmo tempo, as condições históricas geradoras de necessidades sociais e de respostas, que criam as condições do surgimento do mercado de trabalho profissional e da formação especializada de seus agentes profissionais. Como diria Gramsci:

---

2. Para Mészáros (2002, p. 991), no decurso do desenvolvimento humano, "[...] a função do controle social foi alienada do corpo social e transferida para o capital, que adquiriu, assim, o poder de aglutinar os indivíduos num padrão hierárquico estrutural e funcional, segundo o critério de maior ou menor participação no controle da produção e da distribuição", em que o Estado constitui a estrutura totalizante do poder do capital. Ironicamente, neste processo de expansão e concentração, "[...] o poder de controle conferido ao capital vem sendo *de fato* re-transferido ao corpo social como um todo, mesmo se de uma forma necessariamente irracional, graças à irracionalidade inerente ao próprio capital". Para o autor, estamos diante da emergência de uma contradição fundamental: "[...] a contradição entre uma perda efetiva de controle e a forma vigente de controle, o capital, que pela sua própria natureza *somente* pode ser controle, dado que é constituído mediante uma objetivação alienada da função de controle como corpo reificado separado em oposição ao próprio corpo social. Não surpreende, portanto, que nos últimos anos a ideia de *controle dos trabalhadores* tenha ganho importância em muitas partes do mundo" (Mészáros, 2002, p. 991, grifos do autor).

> [...] na civilização moderna, todas as atividades práticas se tornaram tão complexas, e as ciências se mesclaram de tal modo à vida, que cada atividade prática tende a criar uma escola para os próprios dirigentes e especialistas e, consequentemente, tende a criar um grupo de intelectuais especialistas de nível mais elevado, que ensinem nestas escolas (Gramsci, 2000a, CC 12, § 1, p. 32).

Podemos entender que a institucionalização do Serviço Social reflete o tratamento contraditório dado pelas classes sociais à questão social, corporificado nas mediações estabelecidas entre a sociedade civil e o Estado que determinam a criação do mercado de trabalho e a formação qualificada dos seus agentes profissionais, elementos que, entendemos, estão na base da constituição da natureza da profissão e da identidade profissional como processos históricos.

Dentre as mediações mais importantes definidoras da natureza e da identidade profissional, sobressaem-se, desde a origem da profissão, as configuradas pela ação social, assistencial e filantrópica, ou seja, pelo assistencialismo desenvolvido pelo Estado e por instituições laicas e religiosas, no enfrentamento à questão social e ao controle político-ideológico da pobreza, que envolve estratégias de natureza persuasiva e coercitiva, bem como requisita força de trabalho qualificada.

O assistencialismo é transmutado no Brasil, desde a Constituição de 1988, "[...] em política de assistência como direito" (Lopes, 2009, p. 25), cuja concepção, como é posta na Lei Orgânica da Assistência Social (Loas/1993), e a implementação, orientada pelo Sistema Único de Assistência Social (Suas/2005), contraditoriamente, fortalecem o protagonismo da sociedade civil, com base na *solidariedade interclasses antagônicas*, isto é, como *ajuda*, que contradita com o estatuto do *direito*. Reatualiza-se, assim, em outras bases, o legado do assistencialismo fundado na *ajuda*, que marcou na origem da profissão a atuação das Sociedades de Organização da Caridade europeias e norte-americanas[3] e da Igreja Católica.

---

3. As Sociedades de Organização da Caridade na Europa e nos Estados Unidos têm sua origem vinculada a iniciativas de setores dominantes da burguesia inglesa, estendendo-se, posteriormente, a outros países, resultando da aliança entre essa classe, o Estado e a Igreja protestante, constituindo expressões das estratégias de controle sobre as classes subalternas no enfrentamento da questão social (Abreu, 2002). Sobre o protagonismo dessas instituições, consultar Martinelli (1997).

É como profissão eminentemente de natureza socioeducativa que o Serviço Social, pela mediação da assistência, vincula-se organicamente às estratégias estatais direcionadas à reprodução social e ao controle político-ideológico. Desse modo, podemos entender que à natureza socioeducativa originária da profissão é agregado o conteúdo material e político-ideológico da assistência, que passa a conformar a função pedagógica que lhe é inerente.

A ação assistencial alçada ao estatuto do direito, embora represente uma conquista legítima, dada a situação de pobreza da grande maioria das classes subalternas, amparada na CF de 1988, funda-se na necessidade de reprodução das desigualdades e da dominação entre classes, inerente à reprodução da ordem do capital. Traduz, assim, a necessidade de reprodução do trabalhador e de sua família na condição de dominados, como pobres, e tende à despolitização da questão social e dos sujeitos envolvidos.

Contraditoriamente, *a ajuda aos pobres* é a marca histórica do direito à assistência, institucionalizado como metamorfose do direito ao trabalho. Como analisa Marx (2012, p. 76), o *droit au travail* (direito ao trabalho), "[...] a primeira fórmula desajeitada, que sintetizava as reivindicações revolucionárias do proletariado", constante na primeira versão da Constituição Francesa formulada nas Jornadas de junho de 1848, foi metamorfoseado no *droit à l'assistance* (direito à assistência). "Qual o Estado moderno que não alimenta de uma forma ou de outra seus *paupers* (pobres)?" (Marx, 2012, p. 76, grifos do autor). Assim, com base em Marx, podemos entender que a *ajuda aos pobres* é inerente ao chamado direito à assistência. Entretanto, Marx (2012, p. 76, grifos nossos) problematiza o direito ao trabalho, ao considerar que, para o senso burguês, trata-se de "[...] *um contrassenso, um miserável desejo piedoso*", mas, por trás dele está "[...] o poder do capital, por trás do poder sobre o capital, a apropriação dos meios de produção, seu submetimento à classe operária associada, portanto, a supressão do trabalho assalariado, do capital e de sua relação de troca. Por trás do 'direito ao trabalho' estava a Insurreição de junho". A luta pelo direito ao trabalho, paradoxalmente, constitui a luta fundamental da sociedade capitalista.

Entretanto, é necessário considerar que, em meio a essas contradições, no Brasil:

> [...] as conquistas constitucionais de 1988 reconfiguram teoricamente, no plano legal-institucional, de um modo geral, as políticas sociais como instâncias implementadoras de direitos e, assim, vinculam a intervenção profissional nesse campo, centrada como dito na assistência e tensionado pelas reformas ultraneoliberais que retiram direitos antes de serem implementados (Abreu, 2022, p. 264).

É importante reiterar, como dito no capítulo anterior, que a luta por direitos e liberdades democráticas constitui um marco histórico no movimento de construção do projeto ético-político profissional (Lopes; Abreu, 2018), que articula o Serviço Social às lutas do conjunto dos trabalhadores e, assim, o eixo da luta por direitos e liberdades democráticas, na perspectiva da emancipação, representa a principal mediação da identidade dos assistentes sociais no bojo desse projeto.

Consideram-se a assistência e a luta por direito os principais eixos da intervenção profissional nos espaços socioinstitucionais do mercado de trabalho no âmbito das políticas sociais e, a partir dos anos 1980, como dito no capítulo anterior, esse mercado de trabalho é expandido às "[...] instituições da organização autônoma da classe trabalhadora como empregadoras desses profissionais" (Cardoso; Lopes, 2009, p. 462). Entendemos que, nas contradições desses espaços, gestam-se condições de construção da intervenção na perspectiva da emancipação humana. As relações complexas desses eixos nos diferentes espaços socioinstitucionais, com a força diferenciada das ideologias que carregam, passam a constituir a própria natureza da profissão e consubstanciam a formação da identidade profissional. Cabe mencionar que esses eixos, embora diferenciados, tendem a se confundir em determinado momento, quando a assistência passa a se constituir no plano legal-institucional em um direito. Assim, tais eixos se embaralham como materialidade e conteúdo político-ideológico na dinâmica da intervenção e atuam na formação da subjetividade e de padrões de condutas, seja nos sujeitos atendidos, seja nos agentes profissionais, com repercussão em todas as dimensões da profissão.

Detendo-nos na particularidade da formação profissional na relação orgânica com a intervenção, essa influência tem maior expressão nos estágios, como atividade formativa condicionada diretamente por demandas e condições objetivas da intervenção. Entretanto, essa relação não é mecânica nem imediata, dada a relação de autonomia e independência que se estabelece entre as diferentes dimensões constitutivas da profissão, bem como a força das contradições que atravessam essa relação no movimento da história. Desse modo, em certas condições históricas, pode ocorrer na formação e, especificamente, na supervisão e na dinâmica do estágio a escolha de conteúdos numa determinada direção, que resvalam o conteúdo heterogêneo da intervenção.

Na dialética da história, a intervenção na relação orgânica com a formação profissional e as demais dimensões constitutivas da profissão, em sua diversidade, conecta a profissão ao amplo movimento de organização da cultura pelas classes sociais em luta pela hegemonia em diferentes direções, de que o Serviço Social participa e, nesse movimento, constrói a própria cultura profissional.

Como podemos entender a participação do Serviço Social na luta de hegemonias políticas?

Podemos entender a participação do Serviço Social na luta de hegemonias políticas através das diferentes dimensões que lhe são constitutivas, em que a intervenção tem destaque, na inserção dessa profissão no campo das atividades educativas formadoras da cultura. Cultura aqui entendida com base em Gramsci, como sociabilidade, modo de vida, isto é, maneira de pensar, agir e sentir a vida, adequada a um padrão produtivo e de trabalho sob a hegemonia de uma classe social. Desse entendimento, abstraímos a cultura profissional como modo de pensar e agir dos assistentes sociais, que se constitui nas determinações históricas da inserção do Serviço Social na sociedade e se expressa no complexo profissional, em que a intervenção tem centralidade, na medida em que, por meio dela, os projetos profissionais em disputa ganham vida e materializam culturas distintas (Abreu, 2022).

A participação do Serviço Social nos processos formadores da cultura se dá a partir das condições históricas objetivas e subjetivas da sua inserção nas estratégias político-ideológicas de enfrentamento da questão social pelas classes sociais em luta pela hegemonia, em que as políticas sociais constituem as principais mediações. Essas condições singularizam o Serviço Social na dinâmica da vida social como profissão e área de conhecimento, e conformam a natureza, a identidade e a cultura profissional como processos históricos, cuja dinâmica traz imbricada a função pedagógica desempenhada pelos assistentes sociais, através da intervenção, como intelectuais (no sentido gramsciano), no movimento cultural de formação de um determinado conformismo social.

Como nos ensina Gramsci (1999, CC 11), o conformismo, fundado no trabalho como princípio educativo, define-se entre a alienação e a emancipação. Vincula-se à alienação quando consubstanciado na reprodução da dicotomia entre teoria e prática necessária à reprodução das condições históricas do trabalho alienado, base da reificação das relações sociais de exploração e dominação constitutivas da sociedade burguesa, em que se faz necessária a manutenção dos subalternos como homens-massa, sujeitos teleguiados. Vincula-se à emancipação quando constituído a partir da referência da conquista do trabalho criador, concreto, que impõe um conformismo dinâmico que não somente adapta o indivíduo ao ambiente, mas também o educa para dominá-lo. Graças a esse conformismo, "[...] o automatismo converte-se em liberdade, a liberdade converte-se em responsabilidade e personalidade" (Manacorda, 1990, p. 283). Esse conformismo dinâmico se sustenta na busca da unificação entre teoria e prática como condição da emancipação dos subalternos como homens-coletivo, sujeitos conscientes da história. Desse modo, a relação teoria e prática é o cerne da função pedagógica inerente à intervenção profissional e se vincula à formação de um conformismo dinâmico na luta entre hegemonias políticas.

Na história da profissão, observamos que, quando as relações pedagógicas orientadas pelo pensamento positivista materializam-se na ação instrumental, imediata e utilitarista e se conectam à necessidade de reprodução da dicotomia entre consciência e ação prática, contribuem para o conformismo subalternizante. No caso do conformismo dinâmico, as relações pedagógicas consubstanciam-se no conhecimento crítico marxista na busca da unificação entre teoria e prática, pensamento e ação, como devir histórico, supondo a participação crítica e consciente dos sujeitos envolvidos na construção da história da práxis e de si mesmos, construtores da marca da própria personalidade. Nessa perspectiva, o conhecimento crítico constitui instrumento fundamental na formação de uma nova ordem intelectual moral, um novo tipo de sociedade, uma nova cultura.

Posto isso, reiteramos a noção de que a função pedagógica resulta das relações que se estabelecem na intervenção "[...] sob a forma de ação material e ideológica nos espaços cotidianos de vida e trabalho de segmentos das classes subalternas diretamente envolvidos" na intervenção, que interferem "[...] na reprodução física e subjetiva desses segmentos e na própria constituição do Serviço Social [...]" (Abreu, 2002, p. 17). São distinguidas, portanto, tendências dessas relações, demarcadas em perfis: pedagogia da *ajuda*; pedagogia da *participação* (participacionista); e a perspectiva de construção de uma pedagogia *emancipatória*, que não se sucedem na trajetória da profissão, pois estão em permanente relação de confronto e refletem o embate entre projetos societários no âmbito profissional, base da pluralidade de projetos profissionais, sob a hegemonia de um deles (Abreu, 2002).

No desempenho dessa função em sua ampla diversidade, é possível aos assistentes sociais, como dito, com a consciência da historicidade, em meio às contradições e no limite da relativa automonia profissional no mercado de trabalho, fazer escolhas na direção dos interesses emancipatórios das classes subalternas. Nessas contradições, encontra-se a possibilidade concreta de escolhas conscientes e da (re)construção de processos e instrumentos técnico-operativos vinculados à formação de uma nova cultura pelos subalternos. Tais processos:

> [...] impõem posturas interventivas críticas e conscientes à luz do pensamento crítico marxista, que joguem força em uma determinada direção e descortinem e superem o emaranhado heterogêneo das situações concretas sobre o qual incide o exercício prático profissional, ou seja, que revertam a dinâmica do cotidiano profissional (Abreu, 2022, p. 267).

Significa a construção/reconstrução de relações pedagógicas de resistência na perspectiva crítica e emancipadora, que plasmem novas subjetividades e condutas individuais e coletivas dos sujeitos da intervenção, que são mediadas e incidem nas relações sociais, particularmente na produção/reprodução e identidade[4] desses sujeitos e, assim, implicadas na construção/reconstrução da natureza do Serviço Social, da identidade e da cultura profissionais.

A cultura e a consciência profissionais são, portanto, elementos constitutivos da identidade profissional a partir da determinação, em última instância, do mercado de trabalho, com implicações na totalidade da profissão, ao mesmo tempo que, como mediação, é implicado pela inserção crítica e consciente dos assistentes sociais nas relações sociais (Lopes; Abreu, 2018).

A identidade profissional vinculada à natureza da profissão, na sua constituição como totalidade histórica, é aqui tratada como consciência de si, como processo histórico, construída com base em uma determinada concepção de mundo no movimento contraditório da história em que se desenvolve o complexo profissional. Nesse movimento se coloca em primeiro plano, como dito, a condição de trabalhador assalariado inserido no mercado de trabalho e a sua participação nos processos organizativos do conjunto da classe a que pertence.

Desse modo, há que se considerar que nesse processo agregam-se à natureza e à identidade profissional novos elementos materiais e político-ideológicos derivados: (a) das transformações do mercado de trabalho profissional nas últimas quatro décadas, centrado na Assistência a partir da Loas/1993 e do Suas/2005 e do perfil do assistente social como trabalhador assalariado; (b) dos avanços teórico-metodológicos, ético-políticos e organizativos, sintetizados no projeto ético-político profissional em que têm destaque as condições concretas da formação profissional, orientados pela necessidade histórica da emancipação humana, nas contradições da política nacional de educação superior aligeirada, voltada para o mercado.

---

4. Importante e seminal discussão sobre os processos de produção/reprodução e representação dos sujeitos da intervenção profissional encontra-se em Faleiros (1997).

Quais os principais marcos históricos que configuram a função determinante/determinada do mercado de trabalho na constituição da intervenção profissional e a relação com a questão da pesquisa e da produção do conhecimento?

Como vimos, temos como pressuposto que o movimento dialético que cria as condições de surgimento e desenvolvimento do mercado de trabalho do Serviço Social confere-lhe função determinante/determinada na constituição da intervenção profissional na relação orgânica com a formação profissional e a vinculação às demais dimensões. Destacamos três momentos da constituição da intervenção do Serviço Social brasileiro na relação orgânica com a formação, evidenciando a determinação, em última instância, do mercado de trabalho.

O primeiro momento se refere à origem do Serviço Social brasileiro que tem como referência a criação da primeira escola de formação de assistentes sociais, em 1936, em São Paulo, para atuação no nascente mercado de trabalho profissional, no campo da assistência, em instituições públicas e privadas. Essa criação ocorre a partir do Centro de Estudos e Ação Social de São Paulo (Ceas), fundado em 1932, vinculado à Ação Social da Igreja Católica, "[...] considerado como manifestação original" (Iamamoto; Carvalho, 1982, p. 172).

A criação dessa primeira escola em solo brasileiro, como as demais criadas no continente latino-americano desde 1925, ano do surgimento da primeira escola de Serviço Social no Chile (Castro, 1984), ocorre sob a influência do Serviço Social europeu, sustentado no pensamento católico (franco-belga) e nas explicações sociológicas positivistas.

Contudo, é sob a influência do Serviço Social estadunidense, o *Social Work*, que esse processo avança no país, no âmbito da tecnificação da assistência como necessidade posta no mercado de trabalho, sob a forma da *ajuda psicossocial individualizada*, pautada em uma base teórica que articula e amalgama à base filosófica neotomista, que sustenta a ação assistencial consubstanciada na Doutrina Social da Igreja Católica, as seguintes referências: o pensamento conservador positivista, com ênfase no tecnicismo e no pragmatismo, em que situamos a influência do taylorismo como técnica e pedagogia (Abreu, 2002); as explicações sociológicas funcionalistas; e os fundamentos da psicanálise.

A vertente estadunidense priorizou a orientação tecnicista psicologista centrada no indivíduo; enquanto a europeia seguiu a orientação sociológica, com ênfase na ação social, mediante abordagens grupais, ambas sob a forte influência da ação assistencial sob o signo do catolicismo que construiu uma vasta experiência nessa área. A influência do catolicismo na ação social ocorre mesmo em países predominantemente protestantes, como Inglaterra e Alemanha.[5]

Sob a orientação do positivismo, pensamento conservador dominante nas Ciências Sociais, que dicotomiza a relação entre o pensamento e a ação, o Serviço Social definiu-se com *disciplina de aplicação*, sem função no campo da pesquisa e produção do conhecimento, cabendo-lhe apenas a sistematização de processos técnico-operativos da *ajuda psicossocial individualizada*, específica às modalidades interventivas do Serviço Social de caso, de grupo e de comunidade. Trata-se do projeto tradicional que prevaleceu no Brasil até meados dos anos 1960, quando é desencadeado o Movimento de Reconceituação do Serviço Social na América Latina, centrado na crítica dos fundamentos teóricos e nos vínculos políticos da profissão ao projeto da classe dominante. Como já mencionado, esse movimento é deflagrado sob o impulso das lutas sociais populares e dos processos revolucionários nesse continente, influenciados pela vitória da Revolução Cubana em 1959; do aprofundamento da crítica e contestação da dependência econômica e político-cultural do continente ao imperialismo estadunidense; e da crítica pelas Ciências Sociais ao colonialismo intelectual.

Nos marcos das relações de dominação do imperialismo estadunidense, o Serviço Social brasileiro, em sua origem, funda-se na produção teórica do *Social Work* e desenvolve esforços de teorização centrados no *como fazer e na historiografia da profissão*, em muitos casos reproduzindo autores importados, para instrumentalizar a intervenção na linha assistencial em instituições públicas, empresariais e filantrópicas. Merece reiterar-se, como dito na

5. Reiteramos que a influência do catolicismo na ação social, mesmo em países predominantemente protestantes, "[...] pode ser entendido[a] como uma decorrência da posição da reforma protestante em relação à assistência entendida como função do Estado e não da Igreja, não tendo, por isso, (protestantismo) acumulado sobre esta questão uma base sólida de conhecimento" (Abreu, 2002, p. 42).

Introdução, nesse período, o forte protagonismo do CBCISS, no incentivo à produção e à difusão do conhecimento, seja pela publicação da revista *Debates Sociais* e dos *Cadernos Verdes* (mimeografados), com a divulgação de traduções de artigos e fragmentos de obras de autores estrangeiros (Europa e Estados Unidos) e de textos originais de autores brasileiros; seja pela realização de eventos de teorização (Araxá/1967; Teresópolis/1970; Sumaré/1980; Alto da Boa Vista/1984) e intercâmbio acadêmico-intelectual. Nessa linha teórica, é notória a contribuição de Balbina Ottoni Vieira, Nadir Kfouri, Helena Iraci Junqueira, Maria Lúcia Carvalho, José Lucena Dantas, Ana Augusta Almeida, dentre tantas outras referências nacionais.

É importante mencionar, como determinação histórica, que o avanço da institucionalização do Serviço Social, na segunda década do século XX, em solo estadunidense, na linha tecnicista, instrumental pragmatista (imediatista/utilitarista), é determinado, como analisa Abreu (2002), pelas demandas de controle social colocadas pela organização e pela difusão do conjunto de inovações organizacionais na produção e no trabalho, introduzidas com a linha de montagem, nos moldes fordistas/tayloristas, que colocou a necessidade de reorganização da cultura (americanismo),[6] para a formação e o controle do novo trabalhador, o trabalhador fordiano, base de uma nova sociabilidade capitalista. Essas tarefas impuseram a formação de novos quadros técnicos para o desempenho das funções intelectuais na racionalização da produção e da reprodução social, ou seja, para organizar a produção material (administração, planejamento, gerência, supervisão etc.), e da cultura (elaboração e difusão de uma concepção de mundo adequada às necessidades de produção e reprodução social e sua difusão na formação de ações vitais). Criam-se e recriam-se, assim, as instituições empregadoras e as agências formadoras de novos intelectuais nas mediações das relações do Estado à sociedade civil, na forma de escolas públicas e privadas, dentre elas, têm impulso as escolas de Serviço Social; assim como as primeiras sistematizações teóricas à luz do pensamento conservador das Ciências Sociais, sem romper com a base filosófica fundada no catolicismo, que alimenta o tecnicismo positivista, na perspectiva do *ajustamento psicossocial individualizado*.

6. Sobre o americanismo e fordismo, ver a análise de Gramsci (2001, CC 22).

Mary Richmond, com seu *Diagnóstico social* (1950) e o *Caso social individual*, (1977) é a referência seminal.

Esse novo padrão de produção e trabalho se consolida e se expande mundialmente, com ampla penetração na Europa no período pós-Segunda Guerra Mundial, a partir das demandas colocadas no âmbito do Estado de Bem-Estar, e favorece a expansão desse modelo profissional no mundo. Entretanto, a experiência do Estado de Bem-Estar na periferia do sistema configurou *mero simulacro* do que aconteceu nos países centrais sob as determinações do padrão fordista-keynesiano; ou seja, revelou-se como *Estado de Mal-Estar*, nos termos de Oliveira (1998), pelo aprofundamento e pela reconfiguração das desigualdades sociais, já que não garantiu o pleno emprego, nem os direitos sociais na forma da seguridade social, como ocorreu em países centrais. Contudo, acirrou a necessidade de respostas do Estado no âmbito da racionalização da produção e da reprodução das relações sociais e do exercício do controle social, objetivadas por meio de políticas sociais, principalmente as de cunho assistencial, em que ocorrem a formação e a consolidação, no Brasil, do mercado de trabalho profissional, como analisa José Paulo Netto (1991).

Conceitualmente, entendemos a formação e o desenvolvimento do mercado de trabalho profissional dos assistentes sociais com base na análise de Marx (1994a) sobre a compra e a venda da força de trabalho;[7] "[...] como conjunto das relações de compra e venda da força de trabalho desses profissionais, submetido aos padrões da produção e do trabalho estabelecidos na sociedade" (Lopes; Abreu, 2018). Materializa-se no âmbito dos serviços, setor, hoje, profundamente vilipendiado pela precarização do trabalho alienado sob a flexibilização neoliberal/ultraneoliberal na tentativa de transformar os

7. A força de trabalho ou capacidade de trabalho, como uma mercadoria especial, constitui o "[...] conjunto das faculdades físicas e mentais, existentes no corpo e na personalidade viva de um ser humano, as quais ele põe em ação toda vez que produz valores-de-uso de qualquer espécie", traduzindo-se como "[...] uma mercadoria cujo valor de uso possui a propriedade peculiar de ser fonte de valor, de modo que consumi-la seja realmente encarnar trabalho, criar valor, portanto" (Marx, 1994a, p. 187). O processo de consumo dessa mercadoria, força de trabalho, é "[...] ao mesmo tempo o processo de produção de mercadoria e de valor excedente (a mais-valia)" (Marx, 1994a, p. 196); e, por isso, constitui condição essencial para a produção do capital.

trabalhadores, de modo geral, em trabalhadores intermitentes[8] (Antunes, 2019), para responder às demandas contraditórias das classes sociais no enfrentamento da questão social. Na particularidade do Brasil, essas demandas são respondidas pelas políticas sociais, nas quais se insere o Serviço Social, principalmente nas áreas de assistência e saúde e, em menores proporções, "[...] via políticas de formação e gestão de recursos humanos nas instâncias da produção material, da circulação de mercadorias e da distribuição da riqueza"; e pelas políticas e pelos processos concretos "[...] de formação e organização das classes subalternas, trabalhadoras, na luta e resistência tendo em vista sua reprodução plena e constituição autônoma como classe contraposta à ordem do capital" (Abreu, 2002, p. 17).

O segundo momento diz respeito à consolidação do mercado nacional de trabalho para assistentes sociais, como analisa José Paulo Netto (1991), ocorre a partir dos anos 1960, com a reorganização do Estado sob a ditadura militar, instaurada no país no período entre 1964 e 1985. Contraditoriamente, nesse contexto, criam-se as condições histórico-institucionais, político-ideológicas e teórico-metodológicas da renovação do Serviço Social como profissão e sua constituição como área de conhecimento, como vimos no capítulo anterior. O autor destaca que "[...] o mercado nacional configurado já nos finais dos anos sessenta é dinamizado por outro polo, que não diretamente o Estado: trata-se das médias e grandes empresas (nomeadamente as grandes empresas monopolistas e as empresas estatais)" (Netto, 1991, p. 121). Além desses polos, mantêm-se e ampliam-se as demandas para a atuação profissional no âmbito das instituições filantrópicas laicas e religiosas, embora um componente sem a força dos demais tem também importância na configuração da malha institucional do mercado de trabalho profissional.

O mercado de trabalho profissional, estruturado e consolidado nacionalmente, requisita, nesse contexto sociopolítico, "[...] um novo padrão de

---

8. Como análise de Antunes (2019, p. 10), a tendência do trabalho intermitente no sistema global de nosso tempo significa o trabalho da era da escravidão digital, que se expressa numa gama heterogênea e variada, como, dentre outros: "*Uber, zero hour contract,* trabalho pago por *voucher, pejota, frila fixo,* empreendedor de si mesmo [...]". Esses trabalhadores "[...] trabalham (e recebem) quando são chamados, esperam (e não recebem) quando ficam torcendo para que seus celulares escapem da mudez e os convoquem para qualquer trabalho intermitente [...]" (Antunes, 2019, p. 10).

exigências para o [...] desempenho profissional" (Netto, 1991, p. 123), com implicações profundas não apenas na reformulação da intervenção nos moldes da "racionalidade técnica e administrativa" (Oliveira; Fleury, 1986, p. 196), lógica da *modernização conservadora* na gestão estatal sob o governo da ditadura militar, mas também em todas as demais dimensões da profissão, ou seja, na formação, na produção do conhecimento e na organização política.

Sob as exigências de um novo perfil profissional — para responder à racionalidade técnica e burocrática administrativa nos anos 1970 —, a formação profissional é profundamente tensionada pelo confronto entre essa orientação da modernização conservadora e o redirecionamento ideopolítico do processo de renovação profissional na perspectiva da ruptura com o conservadorismo, sob o impulso do Movimento de Reconceituação no país.

A formação é assim reestruturada, nas condições institucionais criadas pela ditadura militar, que viabiliza a inserção da formação em Serviço Social na estrutura universitária,[9] mas a partir de um amplo movimento político-acadêmico em contraposição aos interesses dominantes, na direção dos interesses da classe trabalhadora, desencadeado e coordenado pela então ABESS, hoje, ABEPSS.

O currículo de 1982 — como ficou conhecido, devido à sua aprovação pelo então Conselho Federal de Educação/Ministério da Educação (CFE/MEC) nesse ano, embora tenha sido aprovado no âmbito profissional em 1979 na XXI Convenção da ABESS — constituiu-se, no movimento de renovação profissional, em um esforço de superação da formação profissional tecnicista sob a influência da ideologia da modernização do projeto desenvolvimentista da ditadura militar, além de busca de sustentação no pensamento crítico marxista, embora ainda com fragilidades e equívocos.

---

9. Essas instituições, ainda em número reduzido, foram reconfiguradas pela reforma universitária da ditadura militar, passando da condição de escolas isoladas vinculadas à Igreja Católica, grande parte delas integrando a estrutura universitária em que, contraditoriamente, são criadas novas condições para o avanço da pesquisa e a produção do conhecimento mediante acesso a financiamentos, ampliação do quadro docente, incentivo à capacitação e avanço da interlocução no campo das Ciências Sociais e Humanas. Esse processo ocorre sob o signo do novo sistema de controle político-ideológico da ditadura militar que aprofunda o atrelamento das condições acadêmicas às necessidades do mercado regido pelos interesses do grande capital.

O novo currículo introduz, dentre outras inovações, a matéria Pesquisa em Serviço Social e a tentativa de superação da formação conservadora orientada pela dicotomia entre teoria e prática na organização dos conteúdos teórico-metodológicos, com a inclusão de novas matérias (Teoria, Metodologia e História do Serviço Social). Entretanto, a nova proposta, como dito, embora traga avanços nessa direção, ao romper com a visão instrumental conservadora da intervenção, centrada no caso, no grupo e na comunidade, ainda não consegue superar a lógica tradicional da estrutura curricular, não adensa a problematização de determinações e mediações da formação profissional nas instituições universitárias públicas e privadas no país nas tensões da política educacional da ditadura militar.

Sem dúvidas, o novo currículo reflete o reconhecimento da importância da pesquisa e da produção do conhecimento pelo Serviço Social para a sustentação da formação do novo perfil profissional habilitado para intervenção crítica, fortalecidas e impulsionadas com a criação e o desenvolvimento da pós-graduação no início dos anos 1970. Os processos político-acadêmicos desenvolvem-se numa dinâmica intensa, nos anos 1980, com o avanço e a hegemonia do pensamento crítico marxista, configuradora da nova direção profissional, a *intenção de ruptura*, no confronto às perspectivas: a "*modernizadora*", já comentada, e a perspectiva da "*reatualização do conservadorismo*", orientada pela fenomenologia e consubstanciada na crítica ao positivismo e ao marxismo na profissão, como analisa José Paulo Netto (1991).

O terceiro momento é marcado pelo processo de revisão curricular movido pela necessidade de inserção crítica do profissional no mercado de trabalho reestruturado pela flexibilização neoliberal, em que se aprofundam a precarização, na forma de subcontratações, múltiplas jornadas de trabalho, terceirização, dentre outras expressões, e se amplia a demanda para intervenção no campo da política de assistência como principal estratégia de enfrentamento da questão social; enquanto se adensam as contradições no processo organizativo e de luta do conjunto das classes subalternas com a crise das suas instituições históricas (sindicato e partido político).

Nesse contexto, a revisão curricular nos anos 1990 busca a superação das defasagens do currículo de 1979/1982, com vista ao fortalecimento da vinculação da formação profissional à necessidade histórica da emancipação dos subalternos. As DC/1996 insurgem, portanto, no confronto às forças do retrocesso, em uma conjuntura de aprofundamento da crise contemporânea do capital, em que é agravada a questão social com o acirramento da luta de classes, a disseminação de ideias e valores do conservadorismo reacionário em defesa da tese falaciosa do *deus* mercado como regulador da vida social; portanto, na contracorrente das conquistas civilizatórias dos anos 1980, enquanto avança no campo acadêmico o adensamento das chamadas teorias pós-modernas.

Assim, a necessidade do fortalecimento da pesquisa e da produção do conhecimento se colocou no âmbito das novas DC/1996 para o enfrentamento do desafio das metamorfoses do mercado de trabalho e dos retrocessos culturais. Define-se "[...] o estabelecimento das dimensões interventiva e investigativa, como princípios formativos e condição central da formação profissional, e da relação teoria e realidade" (ABESS/CEDEPSS, 1997, p. 61), na perspectiva da unificação dessa relação, tendo como referências legais o novo Código de Ética e a nova Lei de Regulamentação da Profissão/1993. Apesar de suas contradições e limites internos além das adversidades conjunturais, as DC/1996 afrontam a política neoliberal privatista da educação superior brasileira que precariza o trabalho docente, reduz os recursos para pesquisa e desenvolvimento tecnológico, sobretudo na área das Ciências Sociais e Humanas na qual se insere o Serviço Social, prioriza uma formação instrumental, imediatista, predominantemente através do ensino a distância, que forma, hoje, a grande maioria dos assistentes sociais brasileiros.

Nesse quadro adverso, no âmbito do mercado de trabalho e da formação a que está imbricada a intervenção profissional, os assistentes sociais, como os demais trabalhadores, são afetados em sua materialidade e subjetividade (Antunes, 1995). O enfrentamento dessas contradições é um desafio que vem sendo mediado pelas entidades de organização política do Serviço Social, com destaque para ABEPSS, Conselho Federal de Serviço Social (CFESS)/ Conselho Regional de Serviço Social (CRESS) e para Executiva Nacional de Estudantes de Serviço Social (ENESSO). Em que pesem seus limites, resistem e afrontam as forças do retrocesso.

Que demandas se colocam na intervenção para a resistência profissional e sustentação do projeto ético-político profissional?

No contexto atual, a questão da natureza e a da identidade profissional, imbricadas nas condições objetivas e subjetivas da intervenção profissional, constituem temas a serem aprofundados e que requisitam o conhecimento crítico e a organização política da categoria, como necessidades para a superação do senso comum profissional já cristalizado. Encontram-se entrelaçados no senso comum tanto elementos de crítica da questão social, como o produto das relações capitalistas de exploração, dominação e humilhação e o compromisso profissional com as lutas democráticas e emancipatórias das classes subalternas, quanto elementos e posturas que reificam concepções conservadoras que remontam ao projeto profissional tradicional. As concepções conservadoras são hoje fortalecidas na sociedade com o avanço da crise cultural mundial, em que ocorrem profundas transformações no senso comum, sobretudo dos grupos subalternos, sob a influência ideológica e política da extrema-direita que se reatualiza no mundo.

Embora o pensamento conservador e o pragmatismo tenham sido rechaçados desde o movimento de virada nos anos 1970, com a hegemonia do projeto profissional crítico, não foram banidos da profissão, tendem a se restaurar e ganham força com o avanço do conservadorismo reacionário em todo o mundo. Na particularidade do Brasil, potencializam o acirramento da luta de classes e revigoram as forças do retrocesso, enquanto as classes subalternas, trabalhadoras, fragmentadas, são enfraquecidas como forças de resistência. Situação agravada desde o golpe parlamentar jurídico-midiático através do *impeachment* da presidenta eleita Dilma Rousseff na metade do seu segundo mandato (2015-2016); e com o crescimento da extrema-direita como força no poder, via eleição, em 2018, de Jair Bolsonaro para a presidência da República. Este último governo recrudesceu no campo da economia as medidas ultraneoliberais em contraposição à vida humana e à defesa da natureza, e favoreceu no campo político-ideológico a disseminação do ódio e da violência, que sustentam ideias e práticas conservadoras reacionárias envoltas no discurso ideológico do combate à corrupção e à ameaça comunista. Aprofunda-se a chamada *guerra cultural* que penetra o cotidiano das classes subalternas e o cotidiano profissional.

Os assistentes sociais na linha de frente na gestão e na execução das políticas sociais, como funcionários das instituições implementadoras dessas políticas, são afetados e desafiados profundamente a desvendar as contradições que atravessam e dão corpo aos processos interventivos em que estão inseridos, bem como de suas implicações no emaranhado de situações que configuram o cotidiano do exercício profissional. Isso ocorre, sobretudo, no que se refere à clareza sobre a natureza e a identidade profissional, tensionadas pelas metamorfoses no mercado de trabalho e pelas mudanças na concepção e nas modalidades de formação acadêmica que tendem a desconfigurar/reconfigurar projetos pedagógicos e funções profissionais. Nesse particular, situamos os esforços do CFESS/CRESS no sentido da demarcação das atribuições privativas do assistente social, que não só orientem a fiscalização do exercício profissional, sua função precípua, em instrumento de luta da categoria em defesa da profissão, mas também atualizem a delimitação do *campo específico, privativo,* dos assistentes sociais no que se refere à intervenção profissional na direção das lutas emancipatórias dos subalternos e de toda humanidade.

Nesse quadro, minimamente configurado, o avanço da pesquisa e da produção do conhecimento crítico, a partir da orientação marxista, e o fortalecimento da organização política se recolocam como armas político-ideológicas estratégicas necessárias na intervenção profissional, na perspectiva da transformação da realidade.

Atividades Complementares

EXERCÍCIOS E TEXTOS DE APOIO

Leituras para aprofundamento

Em relação aos estudos sobre a intervenção profissional, como definidora da natureza do Serviço Social e da identidade profissional e principal referência da pesquisa e produção do conhecimento, sugerimos a leitura das obras apontadas a seguir:

a) NETTO, J. P. *Capitalismo monopolista e Serviço Social*. São Paulo: Cortez Editora, 1992, particularmente o capítulo 2: "A estrutura sincrética do Serviço Social", pela abrangência histórico-conceitual da discussão das determinações da intervenção profissional, que imprimem a base material e político-ideológica constituidora da natureza da profissão até os anos 1980, e da identidade profissional como processos históricos. A partir dessa indicação, é possível avançar na análise dessas determinações na atualidade em que se imbricam os eixos da assistência e do direito na constituição da natureza da profissão.

b) CONSELHO FEDERAL DE SERVIÇO SOCIAL. *Atribuições privativas do/a assistente social em questão*. Brasília: CFESS, 2002. A edição foi ampliada em 2012, representando a manifestação concreta do debate sobre a natureza e a identidade profissional enraizado na intervenção profissional.

c) LOPES, J. B.; ABREU, M. M. A questão da identidade profissional do assistente social: constituição histórica e a determinação do mercado de trabalho. *In*: ENCONTRO NACIONAL DE PESQUISADORES EM SERVIÇO SOCIAL, 16., 2018, Vitória. *Anais* [...]. Vitória: ABEPSS, 2018. Traz uma reflexão sobre identidade profissional como processo histórico, considera a determinação do mercado de trabalho e destaca a cultura e a consciência profissional como elementos constitutivos.

Para refletir em grupo

Com base no conteúdo do capítulo, desenvolver uma reflexão individual e o debate coletivo entre grupos de alunos e de profissionais em seus espaços de estudo, trabalho e de organização política.

a) Destaque as principais teses da primazia da intervenção como definidora da natureza e da identidade profissional.
b) Qual o entendimento sobre a natureza e a identidade profissional como processos históricos imbricados na intervenção profissional?
c) Sintetize os principais marcos históricos que configuram a função determinante/determinada do mercado de trabalho e da formação profissional na constituição da intervenção profissional.
d) Qual a contribuição da pesquisa e da produção do conhecimento no processo de construção da intervenção crítica e consciente na realidade?
e) Qual a importância do conhecimento histórico-crítico marxista e da organização política da categoria de assistentes sociais, no enfrentamento ao avanço do conservadorismo reacionário na profissão?

Dicas culturais

FILMES

a) O MILAGRE. Direção: Sebastián Lelio. Reino Unido/Irlanda/EUA, 2022 (103 min), son., color.
b) CENTRAL do Brasil. Direção: Walter Salles Júnior. França/Brasil: Europa Filmes, 1998 (115 min), son., color.
c) O ÚLTIMO vagão. Direção: Andreas Schaap. Alemanha, 2016 (96 min), son., color.
d) ADÚ. Direção: Salvador Calvo. Espanha, 2020 (119 min), son., color.

Capítulo 3

Tendências da pesquisa e da produção do conhecimento em Serviço Social

Todo começo é difícil para qualquer ciência.

KARL MARX

Nas últimas cinco décadas, tem-se intensificado a pesquisa, bem como a produção do conhecimento na base da formação da massa crítica em Serviço Social, sob a orientação teórico-metodológica do marxismo como tendência predominante, no confronto com as orientações teóricas e metodológicas conservadoras. Tem destaque, na atualidade, como dito, o revigoramento do conservadorismo reacionário, com a ascensão das teorias pós-modernas em contraposição a Marx e à tradição marxista.

Neste capítulo, temos os seguintes propósitos: (a) refletir sobre tendências da pesquisa e da produção do conhecimento em Serviço Social, ao longo do seu desenvolvimento desde os anos 1970, a partir de uma aproximação a temas e eixos temáticos de pesquisa, pensados no complexo de mediações constitutivas do Serviço Social como profissão e área de conhecimento; (b) oferecer elementos de análise e problematização dos rumos da pesquisa, considerando a relação entre o conhecimento produzido e as demandas colocadas pelo projeto ético-político profissional no enfrentamento da questão social nas condições objetivas e subjetivas da intervenção profissional no atendimento às necessidades imediatas e mediatas dos sujeitos alvos dos serviços profissionais — vastos segmentos das classes subalternas.

É importante reiterar que temos como pressuposto que os temas/objetos de pesquisa são demarcados no amplo espectro das mediações constitutivas do Serviço Social, com destaque para: as expressões da questão social sobre as quais incide a intervenção profissional; as formas de enfrentamento dessas expressões construídas pelas classes sociais em luta no movimento entre Estado e sociedade civil, em que se vincula a intervenção profissional através do mercado de trabalho; e as questões pertinentes ao próprio Serviço Social como processo histórico constituinte das relações sociais e por elas constituído.

Na elaboração deste capítulo, buscamos referências na literatura profissional, através de análises[1] que aportam contribuições sobre temas e eixos temáticos de pesquisa, indicativos de tendências da pesquisa e da produção do conhecimento em Serviço Social. São análises, dentre muitas outras, que se desenvolvem com base em levantamentos/mapeamentos do conjunto temático relacionado a áreas de concentração, linhas de pesquisa no âmbito da pós-graduação, teses de doutorado, dissertações de mestrado, projetos de pesquisa identificados na graduação e na pós-graduação e produção intelectual na forma de livros, capítulos de livros, artigos científicos publicados em periódicos e em anais de eventos científicos.

As análises abordadas neste texto singularizam-se a partir de distintos recortes empíricos, na identificação de tendências da pesquisa e da produção do conhecimento ao destacarem temas e eixos temáticos e as predominâncias no material pesquisado. Embora divirjam em alguns resultados, contribuem para o debate dos rumos desses processos e instigam a reflexão crítica sobre

1. Dentre as análises das tendências da pesquisa e da produção do conhecimento em Serviço Social, destacamos: Kameyama (1996); Kameyama (1998); Carvalho *et al.* (2005); Iamamoto (2007); Santana, Stampa e Ferreira (2021). Além dessas pesquisas, situam-se levantamentos e análises realizadas no âmbito da ABEPSS, como: Abreu e Simionatto (1997); e Abreu (2008).

o que significam os eixos temáticos centrais frente aos desafios postos pela reconfiguração das condições objetivas e subjetivas do Serviço Social na sociedade no contexto atual de crise estrutural do capital, em que se aprofundam as contradições sociais com a ampliação das desigualdades sociais e o acirramento da luta de classes. Nesses marcos, intensificam-se as demandas, ao mesmo tempo que avança a precarização das condições objetivas da intervenção profissional e da pesquisa na área, numa dinâmica que aponta para profundos retrocessos profissionais e tensiona o desenvolvimento do projeto ético-político profissional. Para algumas análises, o projeto ético-político profissional se encontra em crise (Braz, 2007) ou está ameaçada a sua viabilidade (Netto, 2007).

Reafirmamos que o fortalecimento da pesquisa na perspectiva da produção do conhecimento histórico-crítico em Serviço Social, a partir da referência de Marx e da tradição marxista, hegemônica desde os 1980, como discutimos neste livro, constitui estratégia de resistência e luta em contraposição às forças do retrocesso. A pesquisa se inscreve como atividade necessária ao desvendamento das contradições e descoberta da verdade no emaranhado ideológico da história de que o Serviço Social pode e deve participar. Como nos ensina Gramsci (1999), a formação de uma nova cultura, como sociabilidade, supõe a formação de uma nova concepção de mundo e a sua difusão mediante processo político-organizativo-pedagógico de elevação cultural das massas subalternas na luta de hegemonias políticas no movimento estrutura e superestrutura — referência para pensar a vinculação do Serviço Social aos processos formadores da cultura.

Nesse amplo movimento, situamos a produção do conhecimento histórico-crítico em Serviço Social, que afronta o avanço do pensamento conservador reacionário na sociedade e na profissão, em sua tentativa de dissimular o acirramento da exploração e da dominação capitalista na atual conjuntura de crise. Esse movimento resiste ao reiterado desfinanciamento público da ciência e tecnologia, sobretudo em relação às Ciências Sociais e Humanas em que se insere o Serviço Social, dada a priorização do campo das Ciências Exatas pelos órgãos de fomento, como dito.

O conteúdo deste capítulo está organizado a partir de três indagações: *Que premissas balizam esta reflexão sobre tendências da pesquisa e da produção do conhecimento? Que eixos temáticos são indicativos de tendências da pesquisa e da produção do conhecimento? Que contribuições podemos abstrair do protagonismo da ABEPSS como representação científica da área, ao fortalecimento do Serviço Social como profissão e área de conhecimento?*

Que premissas balizam esta reflexão sobre tendências da pesquisa e da produção do conhecimento em Serviço Social?

A nossa abordagem sobre tendências da pesquisa e da produção do conhecimento em Serviço Social, centrada na identificação de temas e eixos temáticos mobilizadores desses processos, fundamenta-se em duas premissas.

A primeira se refere ao entendimento de que a diversidade de temas que se constituem objetos de conhecimento e intervenção deriva da própria natureza do Serviço Social, definida historicamente a partir da primazia da dimensão interventiva nas relações sociais, inscrita na divisão sociotécnica do trabalho (Iamamoto; Carvalho, 1982) no âmbito da política, no enfrentamento das expressões da questão social. Esse entendimento, já abordado neste livro, chancela ao Serviço Social pela relação orgânica com a questão social o envolvimento com um amplo e instigante conjunto de questões, sobre as quais incide a intervenção nas mediações das políticas sociais predominantemente e, assim, configura um amplo campo temático, do qual o Serviço Social é também objeto, que se impõe como necessidade para a produção de conhecimento histórico-crítico.

Com base nesse ponto de vista, retomamos o nexo entre a intervenção e a produção do conhecimento na relação orgânica com a formação e a organização política, no movimento histórico numa determinada direção social, como *pedra de toque* de tendências da pesquisa e da produção do conhecimento em diferentes momentos históricos. Tendências expressas na escolha dos objetos no movimento teórico-metodológico de pesquisa, vinculado à construção de respostas às necessidades sociais postas/repostas contraditoriamente pelas classes sociais em luta.

Nesse movimento, os eixos temáticos que articulam e consubstanciam os objetos de conhecimento e intervenção no complexo das mediações constitutivas do Serviço Social como profissão e área de conhecimento, abstraídos no movimento histórico-político e representados teoricamente no campo categorial dos fundamentos do Serviço Social como totalidade histórica,[2] tendem a expressar especialidades, embora não exclusivas, na composição da base histórico-conceitual definidora de subáreas que dão visibilidade a essa área,[3] na interlocução com outras áreas de conhecimento e intervenção.

Esse entendimento se vincula à ideia de que a demarcação dos campos investigativo e interventivo na particularidade das profissões, como é o caso do Serviço Social, dá-se nas contradições históricas constitutivas das relações sociais. Processo mediado pelas condições objetivas e subjetivas de sua própria constituição no movimento histórico-político e teórico-metodológico de construção coletiva de respostas às necessidades sociais geradas pelas classes sociais em luta, que passa pelas distintas formas de inserção dos sujeitos profissionais nesses processos.

---

2. Um esforço substantivo de demarcação do complexo das mediações constitutivas do Serviço Social como totalidade histórica é o que resultou na identificação dos três núcleos de fundamentação do Serviço Social na construção das Diretrizes Curriculares no âmbito da ABEPSS em 1996. Estão assim formulados: "[...] núcleo de fundamentos teórico-metodológicos da vida social, que compreende um conjunto de fundamentos teórico-metodológicos e ético-políticos para o conhecimento do ser social, enquanto totalidade histórica, fornecendo os componentes fundamentais para a compreensão da sociedade burguesa, em seu movimento contraditório; núcleo de fundamentos da formação sócio-histórica da sociedade brasileira que remete à compreensão dessa sociedade, resguardando as características históricas particulares que presidem a sua formação e desenvolvimento urbano e rural, em suas diversidades regionais e locais. Compreende ainda a análise do significado do Serviço Social em seu caráter contraditório, no bojo das relações entre as classes e destas com o Estado, abrangendo as dinâmicas institucionais nas esferas estatal e privada; núcleo de fundamentos do trabalho profissional que compreende todos os elementos constitutivos do Serviço Social como uma especialização do trabalho: sua trajetória histórica, teórica, metodológica e técnica, os componentes éticos que envolvem o exercício profissional, a pesquisa, o planejamento e a administração em Serviço Social e o estágio supervisionado. Tais elementos encontram-se articulados por meio da análise dos fundamentos do Serviço Social e dos processos de trabalho em que se insere, desdobrando-se em conteúdos necessários para capacitar os profissionais ao exercício de suas funções, resguardando as suas competências específicas normatizadas por lei" (Brasil, 1999, n. p.). Embora com polêmicas, sobretudo, quanto ao núcleo de fundamentos do trabalho profissional que considera a categoria trabalho como definidora da natureza do Serviço Social, constitui importante avanço ao estudo do campo temático do Serviço Social. Sobre as polêmicas, dentre outras referências, consultar a revista *Temporalis*, ano 1, n. 2, 2000.

3. Chamamos atenção para a configuração ainda limitada da área do Serviço Social junto ao CNPq e às demais agências de fomento, apresentada no Capítulo 1.

Há que se considerar nessa linha de raciocínio que a definição do campo temático não significa exclusividade nem propriedade dessa ou de qualquer outra profissão e área de conhecimento, mas expressa o reconhecimento de que em cada área de conhecimento são construídas relações específicas entre teoria e realidade, configuradoras da singularidade das contribuições à produção do conhecimento e à transformação do ser social. Dessa forma, a ênfase da pesquisa e da produção do conhecimento na área do Serviço Social, em determinados eixos temáticos, e a relação estabelecida com a intervenção são consideradas indicativos de tendências da pesquisa e da produção do conhecimento no seu desenvolvimento histórico.

É importante reiterar o entendimento de que, na particularidade das profissões de natureza interventiva, a relação orgânica entre as dimensões interventiva e investigativa no movimento totalizador de cada profissão deve orientar-se na perspectiva da unificação da teoria e prática, como "[...] um devir histórico" (Gramsci, 1999, CC 11, p. 104), em que o conhecimento histórico-crítico é a principal referência. Isso porque, na sociedade capitalista fundada no trabalho alienado, como mencionado no Capítulo 1, a dicotomia entre o pensar e o agir, sobretudo sob o ponto de vista dos grupos subalternos,

> [...] influi sobre a conduta moral, sobre a direção da vontade, de uma maneira mais ou menos intensa, que pode até mesmo atingir um ponto no qual a contraditoriedade da consciência não permita nenhuma ação, nenhuma escolha e produza um estado de passividade moral e política (Gramsci, 1999, CC 11, § 12, p. 103).

Desse modo, a dicotomia entre teoria e prática responde à necessidade de produção/reprodução das condições materiais e político-ideológicas das desigualdades sociais, inerente ao movimento da produção destrutiva de mercadoria, fundado no trabalho alienado. Sendo assim, reiteramos que a busca da unificação entre teoria e prática não é um fato mecânico, mas se vincula à luta pela emancipação dos subalternos e de toda a humanidade, que passa pela transformação de homens-massa em homens coletivos (Gramsci, 1999), na luta de hegemonias políticas. Para Gramsci, os homens-massa são guiados por uma concepção de mundo imposta pelos grupos dominantes aos quais estão vinculados, cuja libertação supõe a formação da concepção de mundo própria, crítica e coerente à sua realidade de vida, que os liga através da consciência da própria historicidade a uma determinada força hegemônica na luta concreta que é perpétua, pela transformação da sociedade. Como dizem Marx e Engels (1993, p. 128) em sua crítica a Feuerbach (1845): "Os filósofos apenas interpretaram o mundo de diferentes formas; porém, o que importa é transformá-lo".

A segunda premissa, organicamente vinculada à primeira, refere-se à concepção da unidade dialética entre a intervenção e a formação, daí a importância da imbricação da pesquisa e da produção do conhecimento na formação graduada e pós-graduada e na intervenção profissional. Esse aspecto consiste em uma forte característica da trajetória histórica de constituição do Serviço Social como área de conhecimento, repercute nas tendências do seu desenvolvimento na dialética da história e constitui referência da sua organização e representatividade político-acadêmica junto aos órgãos de fomento, como refletiremos adiante.

Sabemos que a origem da pós-graduação *stricto sensu* em Serviço Social, no início dos anos 1970, ocorre no impulso da expansão da pós-graduação *stricto sensu* na área das Ciências Sociais e Humanas no final dos anos 1960 (Kameyama, 1998), mediante a conquista do reconhecimento institucional e apoio financeiro do CNPq. Tal conquista é fruto da luta histórica dessa grande área de conhecimento, tanto em relação à independência aos padrões metodológicos próprios das ciências da natureza, tidos como universais, quanto à disputa do financiamento público, dado, como dito, que a política mercantilista de desenvolvimento científico e tecnológico predominante no país privilegia essas áreas a partir dos interesses ao desenvolvimento econômico do país, em detrimento da área das Ciências Sociais e Humanas, sobretudo as chamadas Ciências Sociais Aplicadas, em que se situa o Serviço Social, centradas nas questões atinentes ao desenvolvimento humano-social. No IV Plano Nacional de Pós-Graduação (2005/2010), essa vinculação entre ciência e tecnologia e o desenvolvimento industrial do país se torna explícita (Carvalho *et al.*, 2005).

É necessário reafirmar que embora seja a instância da pós-graduação valorizada pelas agências de fomento, a pesquisa em Serviço Social ocorre com profundas limitações mesmo nessa instância, dada a reduzida margem de disputa de recursos em virtude da condição de área de conhecimento em formação ainda com baixa produtividade intelectual se comparada às demais áreas com maior tradição científica,[4] a despeito das quais consegue se consolidar nas últimas quatro décadas. Obviamente, a pesquisa ocorre ainda com maiores dificuldades em relação ao apoio institucional e aos incentivos financeiros, nos âmbitos da graduação e da intervenção profissional. Especificamente no que concerne à intervenção, esses processos são condicionados e até travados pelo imediatismo e pela prioridade das demandas interventivas, associados à escassez de recursos financeiros e à indisponibilidade de tempo na jornada de trabalho às atividades sistemáticas de pesquisa, o que não descura a necessária postura investigativa indispensável à dimensão interventiva.

Essa concepção da pesquisa imbricada na formação de graduação e pós-graduação e na intervenção profissional é fortalecida a partir das Diretrizes Curriculares para o Curso de Serviço Social (ABESS/CEDEPSS, 1997), com a afirmação das dimensões interventiva e investigativa transversais na formação e na intervenção, e colocou a necessidade de fortalecer essa unidade, sobretudo, na interlocução junto aos órgãos de fomento, em que a criação de uma representação político-organizativa dos pesquisadores da área em sua totalidade apresentou-se como uma estratégia.

Essa necessidade de uma representação político-organizativa dos pesquisadores da área impulsionou a reestruturação, em 1998, da então ABESS que se transformou em ABEPSS.

Assim, a partir de 1998, a entidade se reestrutura[5] para adequar-se às novas demandas do Serviço Social como profissão e área de conhecimento, fortalecendo-se, assim, como ABEPSS, instituição político-organizativa

---

4. Convém observar que mesmo no âmbito das Ciências Sociais Aplicadas, o Serviço Social disputa os parcos recursos em grande desvantagem, dada a sua condição de área de conhecimento em formação. Embora com os avanços intelectuais e bibliográficos dos últimos 40 anos, ainda é considerada de baixa produtividade se comparada às demais áreas com maior tradição científica. Ver a análise de Mendes e Almeida (2014).

5. Antes de 1998, a então Associação Brasileira de Ensino em Serviço Social (ABESS) resultou de uma reestruturação da versão original dessa entidade criada em 1946, denominada Associação Brasileira de Escolas de Serviço Social com mesma sigla. Essa reestruturação representou uma estratégia de democratização da participação dos demais sujeitos que compõem a sua base de

representativa da área na dinâmica da sociedade, principalmente junto aos órgãos de fomento e na interlocução com as demais áreas de conhecimento. Nesse processo, a ABEPSS traduz um avanço quanto à ampliação da sua base de associados que passa a incluir, além dos sócios institucionais, os sócios individuais, com o propósito de agregar pesquisadores docentes, não docentes e estudantes pertencentes às instituições de ensino filiadas e não filiadas, bem como demais profissionais vinculados à intervenção. Destacamos, também, que a nova estrutura da ABEPSS[6] simboliza uma síntese das instâncias de graduação e pós-graduação na relação dialética com a intervenção, tendo a pesquisa como principal mediação.[7]

Que eixos temáticos têm mobilizado a pesquisa e a produção do conhecimento?

Os eixos temáticos mobilizadores da pesquisa e da produção do conhecimento em Serviço Social ganham maior ênfase a partir da demarcação das linhas de pesquisa e áreas de concentração dos programas de pós-graduação como exigência dos órgãos de fomento.

Um dos primeiros levantamentos sobre a situação da pesquisa e da produção do conhecimento em Serviço Social, centrado na produção intelectual no âmbito da pós-graduação, foi realizado por um grupo de pesquisadores do Programa de Pós-Graduação em Serviço Social da Universidade Federal do Rio de Janeiro (UFRJ), coordenado pela professora Nobuco Kameyama (UFRJ) com o apoio do CNPq, que produziu o "Catálogo de teses de doutorado e dissertações de mestrado da área de Serviço Social-Brasil: 1974-1995" (Kameyama, 1996). Esse levantamento mapeou 737 dissertações

associados (docentes, discentes e supervisores), anteriormente restrita aos representantes formais das Escolas associadas.

6. A ABEPSS, desde 1998, de acordo com seus estatutos, "[...] é uma entidade civil, de natureza acadêmico-científica de âmbito nacional, de direito privado, sem fins lucrativos, e com duração indeterminada" (ABEPSS, 2008).

7. Com essa perspectiva, ocorre a incorporação das funções do então Centro de Documentação e Pesquisa em Política Social e Serviço Social (CEDEPSS), criado em 1987, como órgão acadêmico da então ABESS, que passam a integrar a nova coordenação de pós-graduação.

e 47 teses produzidas nos oito programas de pós-graduação até então existentes no país,[8] cujas temáticas evidenciavam, naquele momento, um amplo espectro de questões, que expressavam a organicidade da pesquisa e da produção do conhecimento às condições objetivas da intervenção naquele período histórico. Em 1998, a mesma autora publica um artigo intitulado "A trajetória da produção de conhecimento em Serviço Social: avanços e tendências (1975-1997)",[9] em que amplia o levantamento de 1996 e analisa os resumos de teses e dissertações, no período assinalado, 1974-1997. Foram identificados 1.028 trabalhos de conclusão (teses e dissertações) classificados em 20 *áreas temáticas.*[10]

Os resultados demonstram a concentração de pesquisas sobre temas pertinentes ao *Serviço Social*, com destaque para desdobramentos referentes *à prática e à formação profissional*, e já despontavam os estudos sobre o eixo *processos de trabalho na relação ao Serviço Social*, que evidencia possível influência das DC de 1996. Em segunda posição, as pesquisas vinculadas ao eixo *política social*, seguidas dos trabalhos associados ao eixo *movimentos sociais*; e, com reduzida incidência, estão os trabalhos pertinentes ao eixo *questão social*, embora a pesquisa especifique outros eixos com recortes que podem sugerir a transversalidade do eixo *questão social: criança e adolescente; gênero e família; saúde e deficiência física/mental; processos socioculturais; realidade social;*

---

8. Cursos de pós-graduação *stricto sensu* na área do Serviço Social que integram o "Catálogo de teses de doutorado e dissertações de mestrado da área de Serviço Social-Brasil: 1974-1995": Pontifícia Universidade Católica de São Paulo (PUC-SP), Pontifícia Universidade Católica do Rio de Janeiro (PUC-Rio), Pontifícia Universidade Católica do Rio Grande do Sul (PUCRS), Universidade Federal do Rio de Janeiro (UFRJ), Universidade Federal da Paraíba (UFPB), Universidade Federal de Pernambuco (UFPE), Universidade de Brasília (UnB) e Universidade Estadual Paulista (Unesp)/Franca.

9. É importante registrar que, embora conste no título do artigo o período 1975-1997, o conteúdo trata do período 1974-1997.

10. A autora nominou como *áreas temáticas* o que estamos identificando como eixos temáticos, assim, manteremos essa terminologia para garantir unidade na exposição das ideias. Foram mapeados na sistematização realizada por Kameyama (1998) os seguintes eixos: prática profissional; política social; formação profissional; teoria e método em Serviço Social; movimentos sociais; criança e adolescente; gênero e família; processo de trabalho; história em Serviço Social; saúde e deficiência física/mental; desenvolvimento de comunidade; processo sociocultural; terceira idade; instrumentos e técnicas; cidadania, democracia e direitos sociais; crime e violência; saúde e deficiência física/mental; análise institucional; questão urbana e poder local; questão agrária e meio ambiente.

terceira idade; questão agrária e meio ambiente; questão urbana e meio ambiente; crime e violência.

As tendências da pesquisa e da produção do conhecimento, evidenciadas na análise de Kameyama (1998), são corroboradas em seu núcleo predominante pelos resultados de outras análises, como uma realizada em 2005 (Carvalho *et al.*, 2005) e outra em 2021 (Santana; Stampa; Ferreira, 2021). Tais análises referenciadas nos relatórios de avaliação dos programas de pós-graduação da Fundação Coordenação de Aperfeiçoamento de Pessoal de Nível Superior (CAPES — triênio 2001-2003 e relatórios de 2019) e nas informações do Diretório dos Grupos de Pesquisa no Brasil, do CNPq, reiteram a centralidade da pesquisa e da produção do conhecimento sobre temas relacionados aos eixos *Serviço Social e política social*, com a primazia do Serviço Social, e aportam a reafirmação dos eixos *trabalho e questão social.*

Entretanto, a centralidade atribuída ao eixo *Serviço Social* não se trata de uma posição consensual, outros estudos divergem dessa tendência, como é caso das análises publicadas em 1997 (Abreu; Simionatto, 1997), em 2007 (Iamamoto, 2007) e em 2008 (Abreu, 2008), que identificam uma posição secundarizada desse eixo em relação ao predomínio de outros, como: *política social; trabalho*; e *questão social*.

Diante desse quadro, o nosso propósito ao longo deste texto é identificar os eixos temáticos a partir de cada um dos estudos mencionados, num esforço de mapeamento e síntese de tendências da pesquisa e da produção do conhecimento. Assim, a nossa exposição não seguirá a ordem cronológica das análises, mas a afinidade entre os resultados como os anteriormente mencionados, organizada em dois blocos.

Como parte do primeiro bloco, afinado com a análise de Kameyama (1998) na afirmação do eixo *Serviço Social* como centralidade das pesquisas e da produção do conhecimento, situamos inicialmente a análise divulgada em 2005, com base nos relatórios da avaliação trienal da CAPES 2001-2003 dos Programas de Pós-Graduação, intitulada "A pesquisa, a produção e a divulgação do conhecimento dos programas de pós-graduação na área do Serviço Social", elaborada por Denise Birche de Carvalho (UnB), Maria Ozanira Silva e Silva (UFMA), Jussara Maria Rosa Mendes (PUCRS) e Regina Tomaso Mioto (UFSC). Esse trabalho integra a coletânea organizada por

Denise B. de Carvalho e Maria Ozanira Silva e Silva,[11] com o título *Serviço Social, pós-graduação e produção de conhecimento no Brasil*, publicada pela Cortez Editora (São Paulo).

O trabalho destaca o desenvolvimento da pesquisa, a produção intelectual e a divulgação do conhecimento no âmbito dos programas de pós-graduação, a partir do levantamento empírico dos temas incorporados nas áreas de concentração e linhas de pesquisa, em teses e dissertações e nos projetos de pesquisa, na produção bibliográfica e técnica. Foram identificados, no ano de 2003, nos 18 programas de pós-graduação da área do Serviço Social[12] 24 áreas de concentração com 57 linhas de pesquisa; 555 projetos de pesquisa concluídos e em andamento; 719 trabalhos de conclusão nas modalidades tese e dissertação; 1.400 produções bibliográficas; e 2.936 produções técnicas.

As autoras concluem a análise das áreas de concentração e linhas de pesquisa dos programas de pós-graduação com a constatação de que o eixo *Serviço Social e políticas sociais* é o que mobiliza a formação pós-graduada em Serviço Social no Brasil naquele triênio. Na síntese da totalidade das pesquisas que compõem o livro, é ressaltada "[...] a evidência da centralidade que os Programas de Pós-Graduação na área do Serviço Social atribuíram, no triênio 2001-2003, a temáticas pertinentes ao conteúdo teórico-metodológico específico do Serviço Social", que para as autoras "[...] desmistifica a indicação corrente no âmbito acadêmico da profissão de que vem ocorrendo pouca atenção a estudos específicos do Serviço Social [...]" (Carvalho *et al.*, 2005, p. 138).

---

11. As organizadoras da coletânea eram, à época da elaboração desta obra, as representantes do Serviço Social na coordenação da área Serviço Social e Economia Doméstica na estrutura da CAPES.

12. Os dados da pesquisa referem-se aos programas de pós-graduação da área do Serviço Social nas seguintes universidades: Universidade Federal do Pará (UFPA), Universidade Federal de Pernambuco (UFPE), Universidade Federal da Paraíba (UFPB), Universidade Federal do Rio Grande do Norte (UFRN), Universidade Federal de Alagoas (UFAL), Universidade Federal do Piauí (UFPI), Universidade Federal do Maranhão (UFMA), Universidade de Brasília (UnB), Pontifícia Universidade Católica de São Paulo (PUC-SP), Pontifícia Universidade Católica do Rio de Janeiro (PUC-Rio), Universidade Estadual Paulista (Unesp), Universidade Federal Fluminense (UFF), Universidade do Estado do Rio de Janeiro (UERJ), Universidade Federal do Espírito Santo (UFES), Universidade Federal do Rio de Janeiro (UFRJ), Pontifícia Universidade Católica do Rio Grande do Sul (PUCRS), Universidade Federal de Santa Catarina (UFSC), Universidade Estadual de Londrina (UEL).

A análise identifica 16 eixos temáticos[13] no universo pesquisado, a partir dos quais a afirmação conclusiva anterior se sustenta. Atentamos para temas associados ao eixo *questão social*, que aparece explicitamente em relação à produção intelectual e disperso em diversos desdobramentos que compõem os 16 eixos que orientam a análise dos projetos de pesquisa e trabalhos de conclusão (dissertações e teses) identificados, como: *questão urbana, movimentos sociais e meio ambiente; questão agrária, movimento sociais e meio ambiente; pessoa portadora de necessidades especiais, terceira idade, envelhecimento; etnia, gênero, orientação sexual;* além do eixo *infância, juventude, família e sociedade*, que se sobressai como predominante nos projetos de pesquisa, teses e dissertações, bem como na produção intelectual. Esses eixos, embora tendam a demarcações relacionadas com as políticas sociais, nos parecem também indicativos da transversalidade da questão social no material pesquisado, enquanto a tematização *per si* da categoria *questão social*, como eixo, mostra-se com baixa frequência.

O eixo *trabalho* aparece na análise das autoras fortalecido como o segundo de maior concentração dos projetos de pesquisa e nas publicações em capítulos de livro; e com importante frequência, quarta e quinta colocações, no que tange às linhas de pesquisa e a teses e dissertações, respectivamente. O crescimento desse eixo na estrutura acadêmica dos programas e a expressiva presença nos projetos de pesquisa e publicações podem significar um avanço acadêmico-político, sobretudo se considerarmos a conexão com a abordagem transversal da *questão social*, que, assim, evidenciam a preocupação da área com o aprofundamento sobre eixos fundantes da vida social e da profissão numa dinâmica que busca a organicidade entre pesquisa, formação (graduação e pós-graduação) e intervenção.

---

13. Eixos temáticos identificados a partir do universo pesquisado: Infância, Juventude, Família, Sociedade; Serviço Social, Trabalho e Prática profissional; Política social: Saúde; Questão urbana, Movimentos sociais, Meio ambiente; Trabalho, Reestruturação produtiva, Condições de vida, Pobreza, Exclusão social; Política social: Assistência social; Etnia, Gênero, Orientação sexual; Pessoa portadora de necessidades sociais, Terceira idade, Envelhecimento; Serviço Social e Formação profissional; Cultura, Identidade, Questão agrária, Movimentos sociais, Meio ambiente; Terceiro setor; Política social: Estado, Sociedade; Ética, Cultura, Política, Direitos humanos; Avaliação de políticas, Programas e Projetos sociais; Política social: Previdência social, entre outros.

Também nesse primeiro bloco, podemos considerar a análise divulgada em 2021, com o título "Pós-graduação no Brasil e temas de pesquisa na área de Serviço Social: resistências em tempos de crise social e política", que tem a autoria de Joana Valente Santana (UFPA), Inez Stampa (PUC-Rio)[14] e Benedito de Jesus Pinheiro Ferreira (UFPA). Esse trabalho integra a coletânea *Pós-graduação e produção de conhecimento em Serviço Social: conjuntura, tendências e desafios*, organizada por Alzira Maria Baptista Lewgoy e Ana Lúcia Suárez Maciel, publicada pela editora Navegando (Uberlândia/MG). O estudo baseia-se em um levantamento das áreas de concentração dos 36 programas de pós-graduação da área de Serviço Social, realizado na *Plataforma Sucupira/CAPES*, com acesso aos relatórios de avaliação dos programas referentes ao ano de 2019; e das temáticas dos grupos de pesquisa aos quais se vinculam os docentes permanentes dos programas de pós-graduação da área, mediante acesso ao *Diretório dos Grupos de Pesquisa no Brasil, do CNPq/2019*.

A análise das áreas de concentração e linhas de pesquisa reitera a centralidade de eixos, *Serviço Social e política social*, na primeira e segunda posições no quadro geral das áreas de concentração, consideradas áreas básicas da pós-graduação. O estudo destaca a incorporação das categorias *trabalho, direitos e direitos sociais, questão social* nas áreas de concentração, que comparecem na terceira, quarta e quinta posições. Como já vimos, a consolidação de tais categorias *trabalho e questão social* como áreas de concentração, em consonância às DC/1996, reforça a relação orgânica entre graduação e pós-graduação e a conexão com a intervenção profissional através da pesquisa, ao mesmo tempo que reitera, como dito, a tendência da área do Serviço Social no que diz respeito a categorias fundantes da vida social e do próprio Serviço Social. O eixo *direitos e direitos sociais* como área de concentração aparece nesse levantamento como um eixo importante na luta contra o conservadorismo reacionário que ameaça a construção permanente do projeto ético-político profissional, como já vimos discutindo neste livro.

14. As organizadoras do capítulo, Joana Valente Santana (UFPA) e Inez Stampa (PUC-Rio), à época da publicação da obra mencionada, integravam a coordenação da área Serviço Social e Economia Doméstica na CAPES, como representantes da área do Serviço Social.

Quanto às temáticas dos projetos de pesquisa, os eixos *trabalho, Serviço Social e política social* são os de maior incidência no *Diretório dos Grupos de Pesquisa no Brasil, do CNPq* dos Docentes Permanentes na totalidade dos Programas de Pós-Graduação na área. Situação que se expressa em cinco das seis regionais da ABEPSS,[15] pois não foi explicitado o eixo *Serviço Social* nos programas de pós-graduação da regional Centro-Oeste, enquanto o eixo *trabalho* aparece entre os três eixos predominantes em todas as regionais e, em quatro delas, é o eixo central. O eixo *políticas sociais* nos programas das regionais Sul I e Sul II não está entre os três de maior frequência; enquanto o eixo *políticas públicas* comparece nas regionais Norte e Sul II, entre os três eixos de maior frequência. Denotamos, portanto, a força do eixo *trabalho* como principal tendência nesse estudo,[16] que é uma importante referência das tendências da pesquisa nesta segunda década do século XXI, pois está

15. A organização dos dados sobre as temáticas dos projetos de pesquisa aos quais se vinculam os docentes permanentes dos programas de pós-graduação seguiu a distribuição segundo as regionais da ABEPSS. As seis regionais da ABEPSS são as seguintes e as respectivas unidades de formação acadêmica: Regional Norte: Universidade Federal do Amazonas (UFAM), Universidade Federal do Pará (UFPA), Universidade Federal do Tocantins (UFT); Universidade Federal do Maranhão (UFMA); Universidade Federal do Piauí (UFPI); Regional Nordeste: Universidade Estadual do Ceará (UECE), Universidade Federal do Rio Grande do Norte (UFRN), Universidade do Estado do Rio Grande do Norte (UERN), Universidade Federal da Paraíba (UFPB), Universidade Estadual da Paraíba (UEPB), Universidade Federal de Pernambuco (UFPE), Universidade Federal de Alagoas (UFAL), Fundação Universidade Federal de Sergipe (FUFSE), Universidade Federal do Recôncavo da Bahia (UFRB), Universidade Federal da Bahia (UFBA); Regional Centro-Oeste – Universidade de Brasília (UnB), Pontifícia Universidade Católica de Goiás (PUC-Goiás), Universidade Federal de Mato Grosso (UFMT); Regional Leste – Universidade Federal do Espírito Santo (UFES), Escola Superior de Ciências da Santa Casa de Misericórdia de Vitória (EMESCAM), Universidade Federal do Rio de Janeiro (UFRJ), Universidade Federal Fluminense (UFF), Universidade do Estado do Rio de Janeiro (UERJ), Pontifícia Universidade Católica do Rio de Janeiro (PUC-Rio), Universidade Federal de Juiz de Fora (UFJF), Universidade Federal de Viçosa (UFV); Regional Sul I – Universidade Estadual de Londrina (UEL), Universidade Estadual do Oeste do Paraná (UNIOSTE), Universidade Federal de Santa Catarina (UFSC), Universidade Federal do Rio Grande do Sul (UFRGS), Pontifícia Universidade Católica do Rio Grande do Sul (PUC-RS), Universidade Católica de Pelotas (UCPel); Regional Sul II – Universidade Estadual Paulista (UNESP/Franca), Pontifícia Universidade Católica de São Paulo (PUC-SP), Universidade Federal de São Paulo (UNIFESP).

16. Dentre os demais eixos mapeados com frequência significativa a partir dos projetos de pesquisa dos docentes permanentes dos programas, foram destacados os seguintes: Educação; Saúde; Família; Gênero/Relações de Gênero; Movimentos Sociais; Crianças, Adolescentes e Jovens; Pesquisas Marxistas/Marx; Direitos Humanos; Formação/Formação Profissional; Questão Social e Sociedade.

vinculada "[...] a uma das *questões vitais* da humanidade, sua melhor intelecção se torna um imperativo central, particularmente quando sua reflexão está conectada com o árduo, complexo, mas ao mesmo tempo imprescindível processo de emancipação da humanidade [...]" (Antunes, 2019, p. 7).

No mencionado estudo, os temas não aparecem sistematizados em grandes eixos temáticos aglutinadores, como vimos em outros trabalhos; os temas das pesquisas são quantificados pela frequência no material analisado. Como evidenciado em outros trabalhos, aqui também observamos que, além do destaque ao eixo questão social nos projetos de pesquisa em duas regionais, há uma recorrência de temas alusivos a expressões da *questão social*, reiterando a transversalidade desse eixo no material analisado.

Passemos agora para o segundo bloco, que abarca três trabalhos publicados nos anos de 1997, 2007 e 2008, já discriminados. Os trabalhos evidenciam a posição dos estudos relacionados a temas específicos do Serviço Social dentre os eixos centrais, sem se configurar como a primazia.

O trabalho publicado em 1997, referente a um mapeamento das pesquisas em Serviço Social na graduação e na pós-graduação no período 1990/1996, foi realizado no âmbito do então CEDEPSS/ABESS pelas professoras Ivete Simionatto (UFSC) e Marina Maciel Abreu (UFMA), ambas integrantes do Conselho Consultivo desse órgão, presidido pela professora Ana Elizabete Mota (UFPE), gestão 1995-1997. Esse levantamento se definiu diante da necessidade de ampliar e atualizar informações sobre o desenvolvimento da pesquisa em Serviço Social sobretudo na graduação, dada a escassez de informações sobre a pesquisa nessa instância de formação até a data do levantamento.

O estudo atingiu um universo empírico formado por 34 unidades de formação acadêmica, distribuídas em todas as regionais da ABEPSS, equivalente a 48% do total existente no país em 1996, cuja participação ocorreu através do preenchimento de um formulário enviado aos coordenadores dos cursos de graduação em Serviço Social; e por oito (100%) cursos de pós-graduação *stricto sensu* da área, existentes em 1995, mediante acesso ao Cadastro Geral dos Cursos/CAPES/1995. Os dados obtidos junto às coordenações da graduação indicam 59 grupos/núcleos de pesquisa e 344 projetos de pesquisas; no Cadastro Geral dos Cursos/CAPES/1995, foram mapeados 172 projetos de pesquisa.

Os resultados foram agrupados em *sete eixos temáticos.*[17] Quantitativamente, os dois eixos com maior concentração de projetos de pesquisas foram: *relações sociais e questão social; Estado e políticas sociais*, na primeira e segunda posições, respectivamente. A soma dos eixos pertinentes ao *eixo Serviço Social*, ou seja, à *prática*, à *formação profissional* e aos *fundamentos do Serviço Social*, coloca esse eixo no terceiro lugar no quantitativo dos projetos identificados. É reiterado o destaque alcançado pelo eixo *questão social* nesse levantamento, constatação que pode de ter sido potencializada ao ser quantificado de forma agrupada com o eixo *relações sociais.* Em estreita conexão com esses eixos, aparecem na quarta e quinta posições o eixo *formas de organização da sociedade civil* e o eixo *trabalho*, que podem significar substantivo avanço no que diz respeito a temas de pesquisa que despontam nos anos 1980, e são fortalecidos nos anos 1990 associados à ênfase dada a questões centrais da vida social com as quais o Serviço Social estabelece intensa relação no âmbito da intervenção.

Chama nossa atenção o quantitativo dos projetos de pesquisa identificados no mapeamento na graduação, que representa quase o dobro no que concerne aos projetos no âmbito da pós-graduação no período do estudo. Situação que ganha relevância considerando que, dentre as 34 unidades que participaram da pesquisa, somente seis possuem pós-graduação.[18] Embora a pesquisa não revele a conexão entre graduação e pós-graduação no que diz respeito às atividades de pesquisa, esse dado é revelador da contribuição efetiva da instância da graduação na construção da tradição da pesquisa em Serviço Social.

Vinculamos a esse segundo bloco a análise de Marilda Iamamoto (2007, p. 457) sobre "[...] o perfil da área e as relações nominais das linhas de pesquisa existentes e respectivos projetos concluídos ou em andamento dos Programas e Pós-Graduação em Serviço Social". Tem como referência empírica a *Avaliação trienal dos programas de pós-graduação da CAPES/MEC*

---

17. Eixos identificados: Estado e Políticas sociais; Relações sociais e Questão social; Formas de organização da sociedade civil; Práticas sociais; Trabalho; Prática e Formação profissional do Serviço Social; Fundamentos do Serviço Social.

18. Esclarecemos que duas unidades de ensino com cursos de pós-graduação *stricto sensu* cujos dados entraram no levantamento a partir do Cadastro Geral dos Cursos/CAPES/1995 não responderam ao questionário enviado à coordenação do curso de graduação.

(2001-2003). O levantamento colocou-se com o propósito de "[...] identificar o quadro temático atual (no período da avaliação) dos rumos da pesquisa em Serviço Social e seus possíveis desdobramentos" (Iamamoto, 2007, p. 458).

A análise apresenta seis eixos temáticos[19] em ordem de representatividade do conjunto da área, em que ganham destaque os eixos cuja centralidade das pesquisas recai sobre *políticas sociais: Estado e sociedade civil*, com a maior concentração na totalidade das referências analisadas. Em segunda e terceira posições os eixos configurados pelas *relações e processos de trabalho: políticas públicas e Serviço Social*; e *Cultura e identidades: processos e práticas sociais*. Em penúltima posição, o eixo alusivo à *Formação profissional em Serviço Social: fundamentos e exercício da profissão*.[20]

Observamos o eixo *Formação profissional em Serviço Social: fundamentos e exercício da profissão* identificado na penúltima posição no conjunto da área, enquanto a categoria *Serviço Social* aparece fortemente como uma das duas categorias centrais na composição das áreas de concentração, dividindo a predominância com a categoria *política social*, mas parece perder essa força nas linhas de pesquisa e temáticas privilegiadas nos projetos de pesquisa. Entretanto, integra a configuração de outro eixo temático alusivo a *relações e processos de trabalho* como um dos desdobramentos desse eixo temático junto à categoria *políticas públicas*. Nesse eixo *relações e processos de trabalho* é identificada a particularidade do Serviço Social em pesquisas sobre os temas *mercado de trabalho e metamorfoses do trabalho dos assistentes sociais*.

Atentamos para a tematização da categoria *questão social* que, embora não apareça na análise de Iamamoto (2007) como um eixo, é explicitada em

19. São os seguintes os eixos temáticos identificados: Políticas sociais: Estado e sociedade civil; Relações e processos de trabalho, políticas públicas e Serviço Social; Cultura e identidades: processos e práticas sociais; Família, relações de gênero e geração: sociabilidade, violência e cidadania; Formação profissional em Serviço Social: fundamentos e exercício da profissão; Movimentos sociais, processos organizativos e mobilização popular.

20. É interessante denotar que a pesquisa de Iamamoto (2007) ocorre no mesmo período da pesquisa realizada por Carvalho *et al.* (2005) sobre a mesma referência empírica *Relatórios da avaliação trienal 2001-2003 dos Programas de Pós-Graduação*, mas fazem recortes empíricos diferenciados e apontam resultados divergentes. Essa divergência gerou polêmica no debate acadêmico, mas se deve atentar para as diferenças quanto aos recortes empíricos e às possibilidades de sistematização dos dados levantados a partir de lógicas diferenciadas da demarcação de eixos.

desdobramentos nas áreas de concentração, além de ser contemplada em múltiplos desdobramentos e clivagens no âmbito de vários eixos temáticos demarcados pela autora, denotando a transversalidade no material analisado. Foi o que nos pareceu nos desdobramentos dos eixos: *políticas sociais: Estado e sociedade civil; cultura e identidades: processos e práticas sociais; família, relações de gênero e geração: sociabilidade, violência e cidadania*, que ocupam a primeira, a terceira e a quarta posição na ordem de prevalência no material pesquisado; e no eixo *movimentos sociais, processos organizativos e mobilização social* em que comparecem explicitamente categorias como *questão urbana e rural*, dentre outras, e que ocupa a última posição na ordem de representatividade da área. Tais evidências sugerem a força do eixo *questão social* na pesquisa e na produção do conhecimento (ainda que não explicitada na análise como um eixo temático), como eixo fundante do Serviço Social e base histórica da amplitude temática da área do Serviço Social, considerado pela autora "[...]um privilégio da categoria socialmente convocada a atuar transversalmente nas múltiplas expressões da questão social, na defesa dos direitos sociais e humanos e das políticas públicas que os materializam" (Iamamoto, 2007, p. 457).

Nesse segundo bloco, também situamos o trabalho elaborado por Marina Maciel Abreu, publicado em 2008, concernente a um mapeamento[21] realizado no âmbito da ABEPSS como parte da pesquisa avaliativa sobre a *Implementação das Diretrizes Curriculares do Serviço Social, no Brasil*, após dez anos de sua aprovação no formato de *Currículo mínimo para o curso de Serviço Social* em 1996 pela então ABESS. Esse trabalho se debruça sobre o módulo 9 da citada pesquisa avaliativa, intitulado "Pesquisa nos projetos pedagógicos dos cursos de graduação no conjunto dos componentes curriculares e o desenvolvimento de núcleos/grupos e projetos de pesquisa". O universo da pesquisa abarcou 70 cursos de graduação (67%) dos 105 cursos de graduação que aderiram à pesquisa e responderam ao módulo 9 (eixo

21. A pesquisa avaliativa de implementação das DC em cursos de Serviço Social no Brasil no período 1996/2006 abarcou 105 cursos que aderiram à pesquisa, distribuídos em todas as regionais da ABEPSS: Norte, Nordeste, Centro-Oeste, Sul I, Sul II e Leste.

pesquisa).[22] Foram quantificados 182 núcleos/grupos de pesquisa e 564 projetos de pesquisa.

A análise se deteve nos temas dos projetos de pesquisa, sistematizados a partir de quatro eixos: *fundamentos do Serviço Social; política social; trabalho;* e *questão social.*[23] A frequência dos temas no universo pesquisado evidenciou a prevalência do eixo *política social*, seguido do eixo *questão social;* e na terceira e quarta posições estão os eixos *fundamentos do Serviço Social* e *trabalho.*

Com base no conjunto das análises aqui mencionadas, reiteramos que, embora a referência de temas e eixos temáticos não seja suficiente para a análise de tendências da pesquisa e produção do conhecimento, constituem indicativos importantes das ênfases no campo temático aqui apreendido a partir do complexo de mediações em que se situa a diversidade dos objetos, como dito na introdução do capítulo, com destaque para as seguintes demarcações: as múltiplas expressões da questão social sobre as quais incide a intervenção profissional; as formas de enfrentamento dessas expressões construídas pelas classes sociais em luta nas mediações entre Estado e sociedade civil, com destaque para as políticas sociais; e as questões pertinentes ao próprio Serviço Social como processo histórico constituinte das relações sociais e por elas constituído.

Assim, sinteticamente, podemos abstrair com base no conjunto das análises aqui destacadas a centralidade da pesquisa e da produção do conhecimento nos eixos temáticos *políticas sociais, Serviço Social, questão social e trabalho*, com o predomínio dos eixos *políticas sociais e Serviço Social*, que apontam tendências desses processos no Serviço Social como área de conhecimento.

---

22. Tal módulo englobou as atividades de pesquisa na graduação e na pós-graduação, sem a explicitação desse movimento entre as duas instâncias de formação através da pesquisa.

23. Esses quatro eixos foram adotados nesse mapeamento seguindo a orientação da proposta de atualização da área do Serviço Social junto ao CNPq, à CAPES e ao Instituto Nacional de Estudos e Pesquisas Educacionais Anísio Teixeira (Inep), encaminhada pela ABEPSS, em 2006, em atendimento ao processo desencadeado por esses órgãos para atualização de todas as áreas de conhecimento. Entretanto, esse processo não foi concluído pelos citados órgãos, mas significou um momento importante de reflexão e revisão de subáreas e especialidades do Serviço Social como área de conhecimento, coordenado pela ABEPSS.

Tais indicações, como tentativas de abstrações dos eixos centrais desses processos, requisitam um grande trabalho coletivo de síntese e prospecção da área.

Que contribuições podemos abstrair do protagonismo da Associação Brasileira de Ensino e Pesquisa em Serviço Social (ABEPSS) ao fortalecimento do Serviço Social como profissão e área de conhecimento?

Com o propósito de fortalecimento e de dar maior visibilidade ao campo temático da pesquisa e da produção do conhecimento em Serviço Social, a contribuição da ABEPSS se evidencia na coordenação de grandes esforços coletivos, dentre os quais podemos destacar importantes estratégias, dentre elas: i) a revista *Temporalis*, criada em 2000, ISSN 1518-7934, periodicidade semestral, classificação B1 do Qualis CAPES, formato *on-line* desde 2017.[24] Esse periódico tem sua origem na experiência dos *Cadernos ABESS*, ISSN 0103-5142, no período 1986-1998, com oito edições; ii) o Encontro Nacional de Pesquisadores em Serviço Social (ENPESS), evento criado em 1996, consolida uma trajetória de encontros e seminários de pesquisa iniciada em 1983, com o primeiro encontro de pesquisa em São Luís (MA), à época a executiva da então ABESS estava sediada na UFMA, sob a presidência do professora Josefa Batista Lopes; iii) os Grupos Temáticos de Pesquisa (GTPs), instituídos no Estatuto da ABEPSS em 2008, implementados em 2009, constituem uma estratégia de fortalecimento da área, mediante articulação de pesquisadores a partir de grandes eixos temáticos que tendem a desdobrar e aprofundar o campo temático, a partir dos núcleos de fundamentação da formação e da intervenção profissional definidos nas DC/1996.[25]

A revista *Temporalis* e o ENPESS são iniciativas já consolidadas no âmbito da ABEPSS, enquanto os GTPs se encontram em profícuo processo de construção.

---

24. A área de Serviço Social conta com 36 periódicos, sendo 15 no formato *on-line*, em grande parte vinculada aos programas de pós-graduação.

25. Ver a primeira nota deste capítulo.

Os GTP, instituídos no artigo 34 do Estatuto da ABEPSS de 2008, têm como objetivos:

> [...] propor e implementar estratégias de articulação entre grupos e redes de pesquisa na perspectiva do fortalecimento da área do Serviço Social; organizar estratégias de fortalecimento ou redimensionamento das linhas de pesquisa na área de Serviço Social; realizar levantamentos permanentes das pesquisas desenvolvidas e dos eixos temáticos de cada grupo; coordenar ações acadêmico-científicas da entidade relativas aos eixos de cada grupo temático; propor à diretoria (leia-se ABEPSS) estrutura de organização temática para o Encontro Nacional de Pesquisadores em Serviço Social — ENPESS (Associação Brasileira de Ensino e Pesquisa em Serviço Social, 2008, n. p.).

A pretensão é de que os GTPs constituam sólidos espaços de articulação, intercâmbio e debate acadêmico-político, em torno de sete eixos temáticos: *trabalho, questão social e Serviço Social; política social e Serviço Social; Serviço Social: fundamentos, formação e trabalho profissional; movimentos sociais e Serviço Social; questões agrária, urbana, ambiental e Serviço Social; classe social, gênero, raça/etnia, geração, diversidade sexual e Serviço Social; ética, direitos e Serviço Social.*

As propostas de cada GTP foram construídas e aprovadas no ENPESS de 2010, no entanto, em seu desenvolvimento, o grupo inicialmente intitulado *classe social, gênero, raça/etnia, geração, diversidade sexual e Serviço Social* foi desdobrado em dois: o GTP *Serviço Social, geração e classes sociais*; e o GTP *relações de opressão/exploração de classe, gênero, raça/etnia, sexualidades.*

A abrangência desses grupos se expressa em ementas[26] que reiteram a organicidade da pesquisa e da produção do conhecimento à inserção do Serviço Social como totalidade no movimento da história. Pretendem constituir-se em sólidos espaços de articulação, intercâmbio e debate acadêmico-político, como dito, balizados pela vinculação entre:

> [...] o projeto ético-político profissional e uma perspectiva societária emancipadora, orientada por uma compreensão do ser social como um ser sócio-histórico autoconstituído pelo trabalho e criador da cultura, em suas mais diversas

26. Ver página da ABEPSS. Disponível em: www.abepss.org.br. Acesso em: 6 abr. 2025.

formas de manifestações e modos de fruição (Associação Brasileira de Ensino e Pesquisa em Serviço Social, 2009, p. 9).

Como instituição representativa do Serviço Social, a ABEPSS contribui para o adensamento das condições intelectuais e políticas da área na luta pela atualização das subáreas hoje vigentes na CAPES, no CNPq, no Inep e nas fundações congêneres nas unidades da federação, para contemplar os eixos temáticos que de fato abarcam a diversidade dos objetos de pesquisa e intervenção dessa área, e dão visibilidade junto a esses órgãos e na interlocução com outras áreas.

Que indicações podemos destacar sobre os rumos da pesquisa e da produção do conhecimento?

Este esforço de resgate histórico de tendências da pesquisa e da produção do conhecimento, com base na abstração de grandes eixos temáticos que consubstanciam a diversidade de objetos de conhecimento e intervenção, constitui uma aproximação crítica, ainda que limitada, da trajetória do Serviço Social como área de conhecimento e sua contribuição à produção do conhecimento sobre o ser social.

Assim, reforçamos as análises evidenciadas ao longo deste texto em relação aos eixos temáticos identificados, a partir das quais reiteramos algumas interpretações sobre a pertinência e o significado histórico desses processos para as lutas emancipatórias dos subalternos e para o próprio Serviço Social.

O primeiro grande eixo temático, o das *políticas sociais*, principal referência da inserção da categoria de assistentes sociais no mercado de trabalho, remete para recortes relacionados às mediações entre Estado e sociedade civil, constitutivas da construção de respostas contraditórias ao enfrentamento das expressões da questão social pelas classes sociais em disputa. Nesse âmbito, tem destaque a assistência social, principal mediação da inserção orgânica do Serviço Social nas relações sociais (Lopes, 1999), fortalecida a partir da Loas/1993 e do Suas/2005 como política pública de Seguridade Social, junto à Previdência e à Saúde, em que desponta como centralidade no enfrentamento das desigualdades e do controle da pobreza. As políticas de Assistência e Saúde, historicamente, concentram a força de trabalho dos assistentes sociais no mercado de trabalho, em detrimento da Previdência que vem perdendo expressão, embora tenha sido uma área relevante no mercado de trabalho profissional, com forte influência no processo de renovação profissional nos anos 1970 e 1980.

Além da Seguridade Social, a inserção profissional ocorre em outros setores das políticas públicas configuradas como direito pós-Constituição de 1988, com destaque para educação, habitação, agrária, urbana, segurança alimentar, meio ambiente, dentre outras, a partir da vinculação profissional às políticas sociais. A intervenção profissional, nessas políticas, se inscreve no campo dos direitos. A luta por direitos e por liberdades democráticas, na perspectiva da emancipação, foi um marco histórico da constituição do projeto ético-político profissional, pelo qual a profissão se vincula aos interesses das classes subalternas. Configura-se como um dos eixos definidores da natureza e da identidade profissional, portanto, requer o avanço da pesquisa e da produção do conhecimento crítico.

A pesquisa e a produção do conhecimento, no amplo eixo das políticas sociais, refletem tendências da intervenção profissional marcada pela fragmentação das políticas sociais como respostas às necessidades sociais dos subalternos, também segmentados pelas expressões particularizadas dessas necessidades em diferentes sujeitos dos atendimentos sociais (criança, adolescentes, idosos, mulheres, pessoas com deficiência etc.), que tendem a ocultar a perspectiva de classe.

Em que pese a importância da determinação das políticas sociais, como respostas contraditórias e fragmentadas às expressões da questão social, na constituição das condições objetivas de criação e desenvolvimento do mercado de trabalho profissional, há que se considerar as repercussões na fragmentação dos objetos da pesquisa, e mesmo nas lacunas quanto à organicidade entre Serviço Social e as Políticas Sociais sem que se confundam, o que significa a necessidade de dar visibilidade à identidade de cada uma dessas referências na relação entre elas.

O segundo eixo, *Serviço Social*, apresenta-se fortalecido, centrado nas questões alusivas aos fundamentos históricos e teórico-metodológicos, notadamente as correntes de pensamento que incidem na área, dentre elas, os estudos críticos sobre o conservadorismo e a busca de aprofundamento sobre o pensamento de Marx e a tradição marxista; e nos estudos sobre questões da formação e do trabalho profissional. Como temas de pesquisa, a referência de Marx e tradição marxista ainda é restrita, embora essa referência seja hegemônica no desenvolvimento da pesquisa e da produção do conhecimento na área do Serviço Social, o que impõe a necessária busca permanente de aprofundamento através da pesquisa. Como já mencionamos, identificamos lacunas entre os eixos mobilizadores da pesquisa e da produção do conhecimento relacionados a duas categorias marxistas centrais implicadas na concepção e no desenvolvimento histórico-político do projeto ético-político profissional: a categoria emancipação humana; e a categoria ético-político. Sustentáculos do projeto ético-político profissional do Serviço Social, têm consequência no necessário adensamento sobre as determinações e o horizonte histórico desse projeto no movimento totalizante da práxis, no confronto permanente com as forças do retrocesso que avançam no contexto atual, marcado pelo acirramento da luta de classes em que se fortalece o conservadorismo reacionário na sociedade e na profissão. Tais lacunas, reiteramos, tendem a favorecer abordagens genéricas, pragmáticas, com o enquadramento, no mesmo campo temático, de tendências profissionais divergentes e mesmo antagônicas.

Ainda nesse eixo, como dito, a ênfase historicamente recai sobre a formação e o trabalho profissional, a partir das reconfigurações sob a égide das reformas neoliberais que suscitam estudos e pesquisas sobre questões alusivas à desqualificação da formação superior transformada em mercadoria de uma linha de produção aligeirada, que impulsiona o avanço da modalidade a distância (EAD); assim como questões atinentes à precarização das condições da intervenção profissional no mercado de trabalho, metamorfoseado pela flexibilização econômica em que estão imbricadas a supressão de direitos e a refuncionalização das políticas sociais — elementos na base na reconfiguração do mercado de trabalho profissional. A pesquisa no âmbito da formação ancorada nas DC/1996 que se confronta com a versão aprovada pelo Conselho Nacional de Educação (CNE)/2002, alinhada às reformas neoliberais da educação superior sob a política mercantilista, constitui uma necessidade permanente para o aprofundamento do conhecimento sobre as contradições dessa política. Entendemos que nessas contradições se imbricam as questões alusivas às tensões entre projetos distintos de formação profissional em Serviço Social e as condições objetivas, marcadas pela precarização do trabalho docente e pela tendência do aligeiramento e do imediatismo da formação voltada para o mercado, em que o ensino a distância ganha força nas instituições privadas e também nas públicas. Sempre importantes e necessárias as pesquisas nesse eixo, que confrontam os projetos pedagógicos com as demandas da intervenção crítica e emancipatória orientadas pelo projeto ético-político profissional nas contradições do mercado de trabalho.

Os estudos sobre a intervenção profissional e o mercado de trabalho fazem ligação com o eixo *trabalho, considerado na relação contraditória na dinâmica do capital e às formas de organização e luta dos trabalhadores,* no enfrentamento das relações de exploração e dominação capitalista que afetam o conjunto da classe trabalhadora. O eixo trabalho, como dito, reporta a uma das questões vitais da humanidade, e como problematiza Marx, em meio às contradições do direito ao trabalho, está a possibilidade de conquista do poder sobre o capital. Desse modo, os estudos sobre as questões do trabalho ensejam grandes avanços acadêmicos, sobretudo na análise da particularidade do trabalho profissional no mercado de trabalho. São necessárias e devem ser incentivadas as pesquisas sobre as particularidades do trabalho em diferentes áreas de atuação, em que têm destaque histórico as áreas demarcadas a partir das políticas sociais, e se coloca a necessidade de avanço dos estudos sobre o trabalho profissional nos espaços institucionais de organização e luta das classes subalternas, assim como da área sociojurídica, esta fortalecida com a ampliação das contratações nos âmbitos do Judiciário, Ministério Público e Segurança. Na relação com esse eixo, estão também as pesquisas que remetem aos processos organizativos da categoria profissional no âmbito de lutas e organização da classe trabalhadora, que fazem conexão com outros eixos relacionados a formas organizativas históricas, como partidos políticos e sindicatos, hoje em crise, e ao protagonismo de novos modos organizativos, dentre os quais os movimentos em torno da luta pela terra no meio rural e urbano na perspectiva de articulação de projetos societários anticapitalistas, na contracorrente da proliferação das chamadas organizações não governamentais (ONG) que tendem à ocultação da perspectiva de classe. Avançam recortes relacionados a lutas e formas organizativas da classe trabalhadora a partir de questões étnico-raciais, de gênero e geracional que devem ser fortalecidas na contracorrente das tendências da análise sob enfoque identitário. Os processos organizativos da categoria no âmbito da organização e luta da classe trabalhadora, sobretudo a questão sindical, ainda não se evidenciam nos estudos mapeados com a devida importância para os avanços profissionais na vinculação à necessidade histórica da emancipação dos subalternos, base da emancipação de toda a humanidade.

Esses eixos apontados estão conectados ao eixo alusivo aos estudos sobre as expressões da questão social, evidenciados como transversais nos diferentes mapeamentos que consubstanciam nossa análise sobre tendências de pesquisa e produção do conhecimento. Tais estudos desdobram temas que vinculam as pesquisas ao eixo fundante do Serviço Social como profissão e área de conhecimento nas relações sociais.

São significativos os avanços alcançados, mas são ainda maiores os desafios a enfrentar coletivamente nessa escalada sob a determinação da luta de classes à qual o Serviço Social está vinculado desde a sua origem, mediado e mediando interesses contraditórios das classes sociais no enfrentamento das expressões da questão social em um contexto adverso ao avanço do conhecimento crítico, à luz do pensamento de Marx e da tradição marxista. "Todo começo é difícil em qualquer ciência", diz Marx (1994b, p. 4), e entendemos que aumenta o nível de dificuldade quando se trata da conquista do estatuto científico das produções no âmbito das profissões de cunho interventivo, como é o caso do Serviço Social.

Atividades Complementares

EXERCÍCIOS E TEXTOS DE APOIO

Leituras para aprofundamento

Para aprofundamento da reflexão sobre tendências da pesquisa e da produção do conhecimento em Serviço Social, ao longo do seu desenvolvimento no país, desde os anos 1970, a partir de uma aproximação a temas e eixos temáticos de pesquisa, pensados no complexo de mediações constitutivas do Serviço Social como profissão e área de conhecimento, sugerimos a leitura da seguinte bibliografia:

a) ABREU, M. M.; SIMIONATTO, I. A situação da pesquisa em Serviço Social no Brasil 1990-1996. *Cadernos ABESS*, São Paulo, n. 7, p. 15-58, 1997. Esse texto atende a uma solicitação da então ABESS, para um levantamento da pesquisa na pós-graduação e na graduação. Até a data da realização do levantamento, não se dispunha de informações sobre as atividades de pesquisa na graduação.

b) KAMEYAMA, N. A trajetória da produção de conhecimento em Serviço Social: avanços e tendências (1975-1997). *Cadernos ABESS*, São Paulo, n. 8, p. 33-76, 1998. Estudo das primeiras pesquisas a partir da pós-graduação cobre duas décadas da produção na forma de dissertações de mestrado e teses de doutorado.

c) CARVALHO, D. B. B. de; SILVA, M. O. S. e (org.). *Serviço Social, pós-graduação e produção de conhecimento no Brasil*. São Paulo: Cortez Editora, 2005. Traz um amplo mapeamento das pesquisas e da produção intelectual (bibliográfica e técnica) com base nos relatórios anuais apresentados à CAPES pelos Programas de Pós-Graduação da área do Serviço Social, no período 2001-2003.

d) IAMAMOTO, M. V. A pós-graduação em Serviço Social e os rumos da pesquisa. *In*: IAMAMOTO, M. V. *Serviço Social em tempo de capital fetiche*: capital financeiro, trabalho e questão social. São Paulo: Cortez Editora, 2007 (p.452-471). Discute caminhos da pesquisa no Serviço Social com base em um levantamento das linhas de pesquisa e respectivos projetos concluídos e em andamento dos Programas e Pós-Graduação em Serviço Social", com base na *Avaliação trienal dos Programas de Pós-Graduação da CAPES/MEC* (2001-2003).

e) ABREU, M. M. Pesquisa em Serviço Social: tendências na implementação das Diretrizes Curriculares. *Temporalis*, Brasília, n. 14, p. 119-148, 2008. Expõe resultados de uma parte da pesquisa avaliativa sobre a *Implementação das Diretrizes Curriculares do Serviço Social*, no Brasil, após dez anos de sua aprovação no formato de *Currículo mínimo para o curso de Serviço Social*, realizada em 1996, pela então ABESS, referente às matérias: pesquisa nos projetos pedagógicos dos cursos de graduação no conjunto dos componentes curriculares, ao desenvolvimento de núcleos/grupos e aos projetos de pesquisa.

f) SANTANA, J. V.; STAMPA, I. S.; FERREIRA, B. de J. P. Pós-graduação no Brasil e temas de pesquisa na área de Serviço Social: resistências em tempos de crise social e política. *In:* LEWGOY, A. M. B.; MACIEL, A. L. S. *Pós-graduação e produção do conhecimento em Serviço Social*. Uberlândia: Navegando, 2021. p. 41-64. Analisa as áreas de concentração e linhas de pesquisa dos 36 programas de pós-graduação vinculados ao Serviço Social, mediante levantamento realizado na *Plataforma Sucupira/CAPES/2019* e no *Diretório dos Grupos de Pesquisa no Brasil, do CNPq/2019*.

Para refletir em grupo

Com base no conteúdo do capítulo, desenvolver uma reflexão individual e o debate coletivo entre grupos de alunos e de profissionais em seus espaços de estudo, de trabalho e de organização política.

a) Com base nos fundamentos que orientam o conteúdo deste capítulo, manifeste o seu entendimento sobre tendências da pesquisa e produção do conhecimento em Serviço Social.

b) Como entendeu a contribuição da ABEPSS para o fortalecimento do Serviço Social como profissão e área de conhecimento?

c) Em sua opinião, o que representa o fortalecimento dos eixos temáticos contemplados pelos GTPs da ABEPSS em face das demandas do projeto ético-político profissional no enfrentamento da questão social, na direção histórica da emancipação humana?

d) Como entendeu a importância do estudo sobre as tendências da pesquisa e da produção do conhecimento no seu processo de formação como pesquisador/pesquisadora em Serviço Social?

Dicas culturais

FILMES

a) À PROCURA da felicidade. Direção: Gabriele Muccino. Estados Unidos: Columbia Pictures, 2006. (118 min), son., color.
b) QUE HORAS ela volta? Direção: Anna Muylaert. Brasil: Paris Filmes, 2015. (72 min), son., color.
c) O LADO bom da vida. Direção: David O. Russell. Estados Unidos: Paris Filmes, 2012. (122 min), son., color.

Parte II

A QUESTÃO DO MÉTODO, A DIALÉTICA E O INSTRUMENTAL TÉCNICO-CIENTÍFICO NA PESQUISA

Capítulo 4

Fundamentos teórico-metodológicos da pesquisa: orientações derivadas das Ciências Sociais e a perspectiva marxiana e tradição marxista

[...] o método que consiste em elevar-se do abstrato ao concreto não é senão a maneira de proceder do pensamento para se apropriar do concreto, para reproduzi-lo como concreto pensado.

KARL MARX

Iniciamos o capítulo com a questão do conhecimento, buscando diferentes concepções do que seja conhecer, as quais são captadas a partir de suas suposições de base, de seus fundamentos. As relações que se configuram, seja no campo do conhecer, seja no campo do intervir, assumem diferentes formas de acordo com as perspectivas teórico-metodológicas ou pontos de vista sob os quais se fundamentam; isto é, há não só uma grande diversidade de conteúdos políticos e ideológicos nas formulações teóricas produzidas pelo Serviço Social e pelas demais disciplinas profissionais, como também uma variedade de práticas interventivas que refletem diferentes posturas teórico-metodológicas determinadas por uma opção política.

A partir dos fundamentos do método marxiano e da tradição marxista, confrontamos os fundamentos das grandes perspectivas derivadas das Ciências Sociais, com destaque para o empirismo e o formalismo que abarcam diversas vertentes na produção do conhecimento no âmbito das Ciências Sociais e da Natureza.

Assim, como dito na Introdução, este capítulo se concentra nos fundamentos teóricos e metodológicos[1] da pesquisa, destacando orientações derivadas das Ciências Sociais que têm exercido influência no Serviço Social, na sua história passada e presente, confrontados a partir dos fundamentos da perspectiva marxiana e da tradição marxista (que não derivam dessas ciências), e constituem a referência hegemônica na pesquisa e na produção dos conhecimentos nas últimas quatro décadas. As contribuições do pensamento marxiano e da tradição marxista referem-se não somente à elevação do estatuto teórico da profissão, mas, principalmente, constituem a base de sustentação do projeto ético-político profissional como totalidade histórica, com destaque para as referências de Marx, Lukács e Gramsci.

Comecemos pelo empirismo, que tem como principal característica a suposição de que a verdade do conhecimento está contida na própria realidade, isto é, o conhecimento nasce do objeto real. Cabe ao sujeito, através de procedimentos técnicos, a extração dessa verdade, supostamente, já pronta e acabada, pois a sua constatação é o momento do conhecimento e o método, por si só, garantirá a objetividade do produto.

A perspectiva empirista baseia-se fundamentalmente na experiência, considerando-a como a principal fonte de conhecimento humano. Para o empirismo não há diferença entre o conhecimento geral e o conhecimento científico, pois qualquer conhecimento resulta do pensar, constituindo-se, porém, a partir do sentir. O empirismo na sua forma mais radical é representado pelo positivismo, que afirma não ter sentido qualquer proposição não verificável empiricamente. O suposto de base dessa assertiva "[...] é que 'os fatos não

---

1. Com base na análise marxiana, distinguimos a formulação *fundamentos teórico-metodológicos* de *fundamentos teóricos e metodológicos*. No pensamento de Marx, teoria e método não se separam nem se confundem. O método se constrói na elaboração teórica sobre a realidade, na reprodução do movimento da realidade no plano do pensamento.

mentem', e por isso o conhecimento verdadeiro é aquele que reproduz fielmente 'os fatos'. Invoca-se a figura da testemunha para corrigir as possíveis falhas daquela reprodução" (Cardoso, 1976, p. 5). Se houver acordo entre os que observaram diretamente o fato, pode-se acreditar na objetividade do que é afirmado. Tal proposição foi, em parte, retificada por correntes neopositivistas, ao considerar que qualquer proposição com autodenominação verdadeira não pode afastar, de princípio, a possibilidade de suas comprovações empíricas (Marques Neto, 1982, p. 9). Assim, tanto a posição inicial do positivismo quanto a retificação feita pelos neopositivistas sustentam, em essência, a mesma concepção de que o vetor epistemológico continua partindo do real. A este cabe a última palavra, seja como fonte imediata do conhecimento, seja como fator de comprovação da verdade desse conhecimento.

Para o positivismo, tanto nas Ciências Sociais quanto nas Ciências da Natureza, é necessário o afastamento de preconceitos e pressuposições, bem como a separação entre os julgamentos de fato e os julgamentos de valor, e entre ciência e ideologia. Para o positivismo, "[...] a finalidade do sociólogo ou do historiador deve ser a de atingir a mesma neutralidade serena, imparcial e objetiva do físico, do químico e do biólogo" (Löwy, 1978, p. 10).

Nessa direção, o positivismo de Comte, como analisa Löwy (1978, p. 10), fundamenta-se em duas premissas essenciais: "1 — a sociedade pode ser epistemologicamente assimilada à natureza [...]; na vida social reina uma harmonia natural; 2 — a sociedade é regida por leis naturais, quer dizer leis invariáveis, independentes da vontade e da ação humana".

Dessas premissas positivistas deriva a tese de que o método da pesquisa nas Ciências Sociais pode e deve ser o mesmo das Ciências da Natureza e, sobretudo, com caráter de neutralidade. São evidentes as implicações político-ideológicas dessa concepção explicitada em formulações de Comte, acentuadas por Löwy (1978, p. 10): "[...] posto que as leis sociais são leis naturais, a sociedade não pode ser transformada; contra sonhos revolucionários utópicos e negativos, o positivismo enaltece a aceitação passiva do *status quo* social".

Na sua crítica ao positivismo, Gramsci alerta para a transformação das Ciências da Natureza em Ciências por excelência, ou seja, em ciências-fetiche, portanto, é categórico:

> [...] não existem ciências por excelência e não existe um método por excelência, "um método em si". Toda pesquisa científica cria para si um método adequado, uma lógica própria, cuja generalidade e universalidade consistem apenas em ser "conforme ao fim" (Gramsci, 1999, CC 6, § 180, p. 234).

Entretanto, entendemos que, sob o signo da ciência-fetiche, mais do que Comte é Durkheim que se destaca na Sociologia moderna como seu verdadeiro mestre. Pela origem comtiana do seu naturalismo, acentua Löwy (1978) que Durkheim reconhece em sua obra *As regras do método sociológico* (1956), como primeira e mais importante, a regra de considerar os fatos sociais como coisas, fortalecendo, desse modo, o pensamento comtiano de que os fenômenos sociais são submetidos a leis naturais. Na natureza, não existem senão coisas.

Na obra anteriormente citada, como analisa Löwy (1978), Durkheim (1956) realiza diversas analogias naturalistas para *explicação* de fenômenos sociais, cuja função ideológica é conservadora. Compara, por exemplo, a sociedade com o animal, isto é, como um sistema de órgãos diferentes, tendo cada um o seu papel específico. Com essa visão, hierarquiza a relação entre os órgãos, dando destaque ao privilégio de alguns como algo natural. Tal lógica é transportada à sociedade, explicando-a sem considerar as concepções de mundo diferenciadas e antagônicas nela existentes.

Mas, contraditoriamente, é importante observar, como assinalou Gramsci em sua crítica a Bergson[2], que o:

> [...] positivismo tivera o mérito de devolver à cultura europeia o sentido de realidade, que se esgotara nas antigas ideologias racionalistas; mas, depois, cometera o erro de encerrar a realidade na esfera da natureza-morta e, portanto, de também encerrar a investigação filosófica numa espécie de nova teologia materialista. A documentação desse erro é obra de Bergson (Gramsci, 1999, CC 1, § 78, p. 229).

---

2. Henri Bergson (1859-1941), filósofo francês, segundo Gramsci (1999, CC 1, § 78, p. 229), "ligado ao positivismo, 'rebela-se' contra o seu ingênuo dogmatismo". Aprofunda a crítica às ideologias racionalistas, mas, ao mesmo tempo, reforça "o princípio do eterno fluir e a origem prática de todo sistema conceitual" (Gramsci, 1999, CC 1, § 78, p. 230).

Entendemos que sob esse ponto de vista que aprisiona a realidade na esfera da natureza-morta é que se coloca para a Sociologia, como exigência metodológica, ignorar os conflitos ideológicos e afastar as prenoções para alcançar a objetividade, o seu valor de cientificidade.

Todavia, cabe registrar que as correntes positivistas de marcas conservadoras e antirrevolucionárias exercem, ainda, influência importante e, por que não dizer, hegemônica nas Ciências Sociais, no âmbito das universidades e em outras instituições acadêmicas e não acadêmicas, oficiais e organizativas.

Cardoso (1971), polemizando o empirismo, cujos fundamentos supervalorizam a experiência como principal fonte de conhecimento, em detrimento do sujeito que se empenha em conhecer o objeto de pesquisa, chama a atenção para o fato de que a relação entre o sujeito que pensa e o objeto não se dá:

> [...] a partir de cada ser pensante individual e específico, com seu objeto, mas está baseada na explicação parcial concretamente aceita pela sociedade ou pelo grupo social, conforme ela é assimilada pelo sujeito, tendo importância a sua posição dentro dela ou dele (Cardoso, 1971, p. 4).

Desse modo, embora todo investimento se volte para o objeto, a relação que possibilita o seu conhecimento baseia-se na teorização que dá conta dele, ainda que parcialmente, "[...] no fundo é a realidade que importa, mas não é ela que comanda o processo de sua própria inteligibilidade [...]" (Cardoso, 1971, p. 4).

A perspectiva empirista se propõe à produção do conhecimento em continuidade ao senso comum, aperfeiçoando-o e sistematizando-o com controle e rigor, tendo como parâmetro a evidência factual, que, do seu ponto de vista, gera a ciência.

Como perspectiva que polemiza o empirismo, o formalismo ou o racionalismo fechado caracteriza-se por colocar o fundamento do ato de conhecer no sujeito, o qual não opera com o real, mas com conceitos. Nessa perspectiva, a busca encontra-se no sujeito, expressando-se como verdade através de deduções rigorosas a partir de outras verdades tomadas como premissas. Assim, a verdade está contida no interior do discurso teórico e depende, exclusivamente, do rigor lógico da construção teórica. Nesse sentido, a teoria se superpõe à realidade e compete a esta se ajustar às determinações daquela (a teoria), a fim de contribuir para confirmação do discurso teórico. O objeto real é posto em posição secundária, a partir da tese fundamental do idealismo de que "[...] não conhecemos coisas, mas sim, representações de coisas ou as coisas representadas" (Marques Neto, 1982, p. 12).

Essa tese, segundo Marques Neto (1982), não é, necessariamente, uma negação do real, mas expressa uma concepção de que é impossível conhecer os objetos tais como são em si mesmos. A concretização da perspectiva formalista se dá através da construção de modelos teóricos, os quais se apresentam como construções cientificas para explicações da realidade.

Essas duas perspectivas, brevemente caracterizadas (empirismo e formalismo), identificam-se pela dicotomia entre o sujeito e o objeto de conhecimento e diferem entre si, na medida em que a primeira é centrada na ilusão da objetividade plena e imediata; e a segunda se apoia no rigor da lógica da construção. A elas se contrapõe a perspectiva marxiana, consubstanciada na relação dialética entre sujeito e objeto, entre teoria e realidade.

É importante destacar que, "[...] do ponto de vista metodológico, Marx separa nitidamente dois complexos: o ser social que existe independentemente do fato de que seja conhecido corretamente; e o método para captá-lo no pensamento da maneira mais adequada possível" (Lukács, 1979, p. 35). Isso reafirma a visão de Marx quanto à anterioridade do concreto, em relação ao sujeito que se dispõe a captá-lo e, ao mesmo tempo, quanto ao vínculo necessário entre o como e o que conhecer, quando se trata da concepção teórico-metodológica marxiana.

Desse modo, num estudo cuidadoso do pensamento de Marx, é impossível não perceber que suas formulações teóricas se referem a um determinado tipo de ser, isto é, "são afirmações ontológicas", como diz Lukács (1979, p. 11). São enunciados que expressam as formas de ser do ser social na sociedade burguesa. Trata, portanto, das determinações desse ser reconstruídas pela sua investigação ontológica. Lukács (1979, p. 14) entende que há na trajetória de Marx uma clara orientação no "[...] sentido de concretizar, cada vez mais, as formações, as conexões, etc., do ser social, que em sentido filosófico alcançará seu ponto de inflexão nos estudos econômicos marxianos".

Como resultado desses estudos aparecem pela primeira vez, na história da filosofia, as categorias econômicas de produção e reprodução humana, o que permite uma descrição do ser social em bases materialistas.

É na discussão de trabalho alienado, ainda com uma compreensão insuficiente da sociedade burguesa, mas no início de sua familiarização com a economia política, que Marx trabalha com a noção de homem como ser prático social, como ser ativo. Critica, nos *Manuscritos econômicos e filosóficos* de 1844, a noção parcial da economia política que coloca o trabalho apenas como força produtiva ou como elemento incluído nos custos de produção. Para Marx, o trabalho é essencialmente atividade humana. E, para criticar os economistas burgueses e fundamentar uma nova compreensão da relação homem/trabalho, busca em Hegel elementos teóricos. Hegel fornece esses elementos em *Fenomenologia do espírito* (1805-1806), em cuja obra coloca o trabalho como o corolário do problema do homem. Essa concepção de trabalho, de origem hegeliana, conduz Marx à descoberta de que todas as contradições da sociedade burguesa têm sua origem no trabalho alienado. Este, considerado aqui trabalho que produz objetos para outros, produz riqueza para o burguês e miséria para o trabalhador.

> O trabalhador se torna tão mais pobre quanto mais riqueza produz, quanto mais a sua produção aumenta em poder e extensão. O trabalhador se torna uma mercadoria tão mais barata quanto mais mercadoria cria. Com a valorização aumenta em proporção direta a desvalorização do mundo do homem. O trabalho não produz só mercadoria; produz a si mesmo e ao trabalhador como uma mercadoria, e isto na proporção em que produz mercadoria em geral (Marx, 1989, p. 148).

Marx considera o ato da alienação da atividade humana, o trabalho, sob dois aspectos: (1) o da relação do trabalhador com o produto do trabalho como objeto alheio que se coloca ao produtor como o poder que o domina; (2) e o da relação do trabalhador com sua própria atividade, como uma atividade não pertencente a ele, alheia a si mesmo. São apontadas, aqui, a autoalienação do homem e a alienação do produto de sua atividade como determinações do trabalho alienado.

É na sociedade burguesa, evidentemente, que o trabalho aparece em sua forma alienada. Entretanto, para os economistas burgueses, não interessa a condição humana do trabalhador nem a relação deste com seu trabalho, muito menos com o produto de sua atividade. O trabalhador para eles é capital cujo valor varia no mercado. Portanto, na lógica da economia política burguesa, o homem é reduzido ao nível de um ser mental e fisicamente desumanizado. Examinando a condição de alienação do homem na sociedade capitalista, Marx expõe uma descrição do ser social, nos *Manuscritos econômico-filosóficos*, a partir da dialética de Hegel. Dessa descrição recuperam-se, aqui, alguns elementos fornecidos por Lukács (1979), destacando-se que o ser social pressupõe o ser natural, e a supressão deste suprime o primeiro.

Assim, o ser social não é independente do ser da natureza, pois não há entre o social e o natural uma relação excludente, como quer grande parte da filosofia burguesa. Da mesma forma, na ontologia do ser social, em Marx, não há a transposição materialista vulgar das leis da natureza. "As formas de objetividade do ser social se desenvolvem à medida que surge e se explicita a práxis social, a partir do ser natural, tornando-se cada vez mais claramente social" (Lukács, 1979, p. 17). Esse é um processo longo e dialético que se inicia com o trabalho — uma condição de existência humana. Por meio do trabalho o homem se autorrecria, transforma-se e, ao mesmo tempo, transforma a natureza externa sobre a qual atua. É nesse processo que a propriedade da natureza, suas relações etc. — existentes independentemente da consciência do homem — são postas em movimento e se convertem em coisas úteis, em valores-de-uso. Daí, como dito no Capítulo 1, ser o primeiro ato histórico, a produção dos meios que permitem a satisfação de necessidades para manter o homem vivo, ou seja, a produção da própria vida material como condição fundamental de toda história. A ação desenvolvida para satisfazer essa primeira condição e a produção dos meios para essa satisfação conduzem a novas necessidades sociais. É na produção dessas novas necessidades, a partir do atendimento da primeira, que o homem se separa da animalidade e se socializa, se autorrecria como ser social e começa a criar outros homens, reproduzir-se.

Essa conversão da natureza em valores-de-uso é um processo teleológico, pois o ser social não apenas produz e reproduz, mas também tem uma intencionalidade, possui um projeto.

> No fim do processo de trabalho emerge um resultado que já estava presente de forma ideal. Ele não efetua apenas uma mudança de forma no elemento natural; ao mesmo tempo realiza no elemento natural sua própria finalidade que ele conhece bastante bem que determina como lei o modo pelo qual opera e à qual tem de subordinar a sua vontade (Marx *apud* Lukács, 1979, p. 16).

Desse modo, o trabalho é traço fundante do ser social, é próprio desse ser, mas não o esgota, porque o ser social também é consciência, é a autoconsciência. Ele percebe a si, as suas finalidades e a sua relação com sua objetividade. É manifestação do ato consciente, o elemento que separa o trabalho animal do trabalho humano, o qual vai além da simples reprodução biológica. Vai além, mas não a suprime, pois a sociabilidade do ser exige um substrato orgânico e inorgânico. Mas o ser social possui uma legalidade própria, tem traços construídos historicamente, que lhe são imanentes e específicos. Daí, na perspectiva marxiana e da tradição marxista, o modo de conhecimento do ser natural não poder ser transportado para o conhecimento do ser social em sua historicidade.

Sob essa perspectiva, reiteramos a importância de entendermos o método marxiano adequado para o conhecimento dos objetos históricos, como um movimento entre teoria e realidade que permite representar essa realidade como concreto pensado, isto é, o que "consiste em elevar-se do abstrato ao concreto" (Marx, 1982, p. 14).

Atividades Complementares

EXERCÍCIOS E TEXTOS DE APOIO

Leituras para aprofundamento

Para aprofundamento dos estudos sobre os fundamentos teórico-metodológicos da pesquisa nas Ciências Sociais, do método da teoria social de Marx e a tradição marxista, sugerimos as seguintes leituras complementares:

a) MARX, K. *Introdução [à crítica da Economia Política]*. São Paulo: Abril, 1982, p. 3-27. (Coleção Os Economistas). Nesse texto, Marx faz uma exposição sistemática sobre a questão do método, na qual podem ser distinguidos três temas centrais: o primeiro diz respeito ao objeto da Economia Política — a produção; o segundo aborda o aspecto epistemológico da metodologia; o terceiro refere-se à organização da exposição.

b) NETTO, J. P. Introdução ao método na teoria social. *In:* CONSELHO FEDERAL DE SERVIÇO SOCIAL; ASSOCIAÇÃO BRASILEIRA DE ENSINO E PESQUISA EM SERVIÇO SOCIAL. *Serviço Social*: direitos sociais e competências profissionais. Brasília: CFESS/ABEPSS, 2009. p. 667-696. Esse texto trata de uma das questões centrais e mais polêmicas da teoria social, tanto nas formulações dos clássicos das ciências sociais e também nas ciências da natureza quanto no que tange à teoria social de Marx: a questão do método. A centralidade da discussão é dada ao método da teoria social de Marx e destaque, no texto, à pesquisa em Serviço Social.

c) CARDOSO, M. L. *O mito do método*. Rio de Janeiro: PUC-Rio, 1971. Mimeografado. Nessa obra, a autora pretende desmitificar o método que se identifica como técnica que encontra em si mesmo seus limites e jamais questiona suas propostas resultantes de esforço de aprofundamento. Para essa desmitificação, organiza a sua reflexão crítica em torno da epistemologia cartesiana, que reduz o método a um conjunto de regras que garantem, por si só, os resultados desejados, o que, para a autora, é uma epistemologia que não dá conta da ciência contemporânea que apresenta questões mais complexas que exigem rigor no trabalho científico e nega qualquer pretensão de seguir, à risca, procedimentos estabelecidos, sem aprofundamento na discussão e reflexão críticas de critérios de cientificidade que os justifiquem.

d) LÖWY, M. *Método dialético e teoria política*. Rio de Janeiro: Paz e Terra Filosofia, 1978. Löwy reúne, nesse texto, ensaios resultantes de 10 anos de trabalho

(1962-1972) com preocupação fundamental de combater as concepções positivistas das Ciências Sociais, criticando não apenas as formulações clássicas de Comte e Durkheim, mas também e, principalmente, a tentativa de Althusser de interpretar o marxismo a partir de uma concepção com base positivista.

Para refletir em grupo

Com base no conteúdo do capítulo, os exercícios podem ser desenvolvidos numa dinâmica pedagógica que envolva a reflexão individual e o debate coletivo entre grupos de alunos e de profissionais, em seus espaços de trabalho e de organização política.

a) Destaque elementos configuradores do empirismo e do formalismo como perspectivas teórico-metodológicas da pesquisa e da produção do conhecimento derivadas das Ciências Sociais.
b) Destaque elementos centrais configuradores do pensamento marxiano e da tradição marxista como perspectivas teórico-metodológicas da pesquisa e da produção do conhecimento histórico.
c) Estabeleça as diferenças entre as perspectivas estudadas.

Dicas culturais

FILMES

a) RADIOACTIVE. Direção: Marjane Satrapi. Reino Unido: Netflix, 2019. (103 min), son., color.
b) A ESCAVAÇÃO. Direção: Simon Stone. Reino Unido: Netflix, 2021. (112 min), son., color.
c) ESTRELAS além do tempo. Direção: Theodore Melfi. Estados Unidos: Fox Filmes do Brasil, 2016. (120 min), son., color.
d) O CURANDEIRO da selva. Direção: John McTiernan. Estados Unidos, 1992. (106 min), son., color.
e) A TEORIA de tudo. Direção: James Marsh. Reino Unido: Universal Pictures, 2014. (123 min), son., color.

Capítulo 5

A pesquisa e o conhecimento dos objetos históricos: os métodos de investigação e de exposição

É mister, sem dúvida, distinguir, formalmente, o método de exposição do método de pesquisa.

Karl Marx

Neste capítulo, reiteramos a premissa de que pensar o método, o movimento dialético e o instrumental técnico-científico, sob a influência de Marx e da tradição marxista, para o estudo da pesquisa e de seu instrumental em Serviço Social, é apreender e reproduzir, no plano do pensamento, o movimento histórico de construção e reconstrução da realidade concreta tomada como objeto de conhecimento e de intervenção. Isto é, construir abstrações conceituais, adequadas à inteligibilidade do real, objeto da pesquisa na sua historicidade; expor os resultados dessa apreensão e buscar soluções para o futuro. E para implementação dessas soluções, serão imprescindíveis instrumentos técnico-científicos e modalidades de intervenção compatíveis com a perspectiva teórico-metodológica adotada.

Como já sabemos, a pesquisa é uma das principais determinações do Serviço Social como área de conhecimento em que pese a sua tardia inserção sistemática na profissão, desde sua instituição de nível superior em 1936 até a sua consolidação nos anos 1970, quando é impulsionada a sua prática no processo de produção de conhecimento no âmbito da pós-graduação em Serviço Social.

Assim, reafirmamos que é nesse contexto da década de 1970 que a dialética materialista passa a exercer influência na pesquisa de objetos históricos, no âmbito do Serviço Social, em interlocução crítica, permanente com o positivismo e o formalismo nas correntes de pensamento: o estrutural-funcionalismo, com hegemonia até então, e a fenomenologia, como referências das tendências analisadas por Netto (1991), a modernizadora e a reatualização do conservadorismo, respectivamente.

Dessa forma, é importante enfatizar, de início, que o processo de construção de conhecimento científico, em Marx e na tradição marxista, tem sua origem no racional e não no sensorial, como afirmam os empiristas, ao recomendarem a não interferência do sujeito pesquisador na produção de conhecimento. Recomendação essa que não tem sentido quando a sua interferência é teórica. Na produção do conhecimento científico, não recomeçamos do zero em cada pesquisa, mas dos conhecimentos científicos já formulados em que se apoia a pesquisa, até mesmo para negá-los.

> A teoria lhe é, pois, indispensável para lidar com os fatos, que por sua vez são fatos novos porque a aproximação que se faz deles é orientada pelo que deles nos diz ou prediz o conhecimento que deles se tem no momento. A pesquisa científica busca algo e não qualquer coisa. Ela sabe o que está procurando, embora não saiba o que vai encontrar e esteja aberta para encontrar o que não esperava (Cardoso, 1976, p.7-8).

Nessa afirmação, Cardoso (1976) acentua a produção do conhecimento novo, a partir do conhecimento acumulado do objeto.

Como dito, nas pesquisas, fundamentalmente empíricas, o determinante do trabalho de investigação é a intervenção no real. O objetivo é a sua explicação com implicações de ordem prática, de ação sobre o real que é perceptível pela perspectiva teórico-metodológica que orienta a construção do conhecimento. O real é anterior ao conhecimento que se produz sobre ele. Mas, como objeto de conhecimento, depende da relação entre ele e o sujeito que se propõe a conhecê-lo. Nessa relação, é o sujeito pesquisador, portador de um conhecimento teórico sobre o objeto, que comanda o processo de inteligibilidade do real, como objeto de conhecimento, embora seja o real o ponto de partida.

Na perspectiva teórico-metodológica de Marx e da tradição marxista, no campo de estudos dos objetos históricos, a concepção de referência é a de que "[...] Tampouco se produzem as abstrações mais gerais senão onde existe o desenvolvimento concreto mais rico" e também:

> [...] até as categorias mais abstratas — precisamente por causa de sua natureza abstrata —, apesar de sua validade para todas as épocas, são, contudo, na determinidade dessa abstração, igualmente produto de condições históricas, e não possuem plena validez senão para essas condições e dentro dos limites destas (Marx, 1982, p. 17).

Desse modo, entendemos que ao contrário do que é defendido, vulgarmente, pelo senso comum, que é na origem que se encontraria a explicação sobre um fato, enquanto se forma na história, é a origem do fato que só se explica ao ser produzido o conceito adequado do seu desenvolvimento concreto mais rico em determinações. "Só o fato que tem a sua constituição definida ou a sua formação completa fornece concretamente as condições para ser compreendido" (Cardoso, 1976, p. 10).

A história linear de registros cronológicos de fatos que correm ou ocorreram na realidade concreta não leva em conta o encadeamento mais profundo que os conecta na realidade, conferindo-lhes significado propriamente histórico e determinado no tempo e no espaço contextualizado — inserido no conjunto de relações, em diferentes momentos de sua formação.

A respeito dessa questão, adverte José Paulo Netto:

> Obviamente, afirmando-se que o presente ilumine o passado (ou, noutras palavras: que a forma mais complexa permite compreender aquilo que, numa forma menos complexa, indica potencialidade de ulterior desenvolvimento), não se descura a necessidade de conhecer a gênese histórica de uma categoria ou processo — tal conhecimento é absolutamente necessário. Mas dele não decorre o conhecimento da sua relevância no presente — sua estrutura e sua função atuais. Ambas, estrutura e função, podem apresentar características

> inexistentes ou atrofiadas, no momento da sua emergência histórica. Assim as condições da gênese histórica não determinam o ulterior desenvolvimento de uma categoria (Netto, 2009, p. 687).

Daí, segundo o mesmo autor, o estudo das categorias deve conjugar a análise da gênese e o desenvolvimento com a análise de sua função e estrutura na organização atual.

Esse movimento na construção de abstrações no campo de estudo dos objetos históricos nos impulsiona à discussão de diversas questões teórico-metodológicas, das quais destacamos algumas que, do nosso ponto de vista, são essenciais quando pretendemos desenvolver uma pesquisa cujo objeto se constitui na história, isto é, uma pesquisa que se pretende histórica.

Cabe aportar a contribuição de Gramsci quando se refere à metodologia histórica relacionada à teoria marxiana sobre a sociedade burguesa como totalidade histórica, entendida, nos termos do filósofo italiano, como uma *filosofia original e independente*, isto é, a *filosofia da práxis*, referida à *própria história em sua infinita variedade e multiplicidade* e à *política* nela contida; e, como tal, conforma uma *metodologia histórica* com suas diretrizes, princípios e instrumentalidade. Revela-se organicamente, como teoria, método e história. É como metodologia histórica que Gramsci aborda a questão do instrumental da pesquisa científica, discutida no próximo capítulo.

Sob o ponto de vista do conhecimento dos objetos históricos, destacamos três questões básicas, que implicam desdobramentos diversos: (a) *Como se estabelece a relação de organicidade entre as categorias teoria, método e história, na pesquisa de objetos históricos?* (b) *Qual a relevância da categoria totalidade no método de Marx e na tradição marxista?* (c) *O que distingue o método de investigação do método da exposição na produção de conhecimento sobre os objetos históricos?*

Como se estabelece a relação de organicidade entre as categorias teoria, método e história, na pesquisa de objetos históricos?

Algumas reflexões de José Paulo Netto (2009) são indispensáveis para prosseguirmos no desenvolvimento dessas questões, na perspectiva de Marx sobre o método cientificamente adequado para a elaboração teórica. Diz ele:

> Deve-se distinguir, [...] para alcançar a inteira compreensão do método que Marx considera "cientificamente exato", o sentido de "abstração' e "abstrato". A abstração é a capacidade intelectiva que permite extrair da sua contextualidade determinada (de uma totalidade) um elemento, isolá-lo, examiná-lo; é um procedimento intelectual sem o que a análise é inviável, [...] A abstração, possibilitando a análise, retira do elemento, abstraído as suas determinações mais concretas até atingir "determinações mais simples". Neste nível o elemento abstraído torna-se "abstrato" — precisamente o que não é na totalidade de que foi abstraído: nela, ele se concretiza porquanto está saturado de "muitas determinações". A realidade é concreta exatamente por isto, por ser "a síntese de muitas determinações", a "unidade do diverso" que é própria de toda totalidade. O conhecimento teórico é, nesta medida, para Marx, o conhecimento do concreto, que constitui a realidade, mas que não se oferece imediatamente ao pensamento: deve ser reproduzido este e só "a viagem de modo inverso" permite esta reprodução. [...] o concreto a que chega o pensamento pelo método que Marx considera "cientificamente exato" (o "concreto pensado") é um produto do pensamento que realiza "a viagem de modo inverso". Marx não hesita em qualificar este método como aquele "que consiste em elevar-se do abstrato ao concreto", "único modo" pelo qual o "cérebro pensante" "se apropria do mundo" (Netto, 2009, p. 684, grifos do autor).

Nessa concepção, o método expressa o movimento da elaboração teórica, não podendo, portanto, desvincular-se do objeto historicamente determinado; "[...] a teoria é o movimento real do objeto transposto para o cérebro do pesquisador — é o real *reproduzido e interpretado no plano ideal* (do pensamento)" (Netto, 2009, p. 674, grifos do autor).

É relevante destacar, a partir das reflexões de Paulo Netto (2009), a indissociável conexão, ou relação de organicidade, entre teoria e método, no pensamento marxiano. Na formulação dos fundamentos *Para a crítica da economia política*, de 1857, são vistos no processo do pensamento de Marx um ponto de chegada e um ponto de partida.

> É um ponto de chegada, na medida em que resulta de todo trato teórico anterior e, pois, contém uma adequação da posição (perspectiva) do pesquisador às exigências do objeto; é um ponto de partida porque assinala um novo tratamento do objeto que vai comparecer nos *Elementos fundamentais para a crítica da economia*

> *política. Rascunhos. 1857-1858.* Este novo tratamento teórico, por sua vez, incide numa depuração ainda maior da formulação metodológica — e ambos, tratamento teórico e formulação metodológica, que constituem uma unidade, surgirão límpidos, n'*O Capital. A indissociável conexão que mencionamos impede uma abordagem que, na obra de Marx, autonomize o método em face da teoria:* não é possível, senão ao preço de uma adulteração do pensamento marxiano, analisar o método sem a necessária referência teórica e, igualmente, a teoria social de Marx torna-se ininteligível sem a consideração do seu método (Netto, 2009, p. 689-690, grifos do autor).

É nessa conexão entre teoria e método que se encontram articuladas as categorias *totalidade, contradição e mediação* que parecem, ao autor citado, nucleares da concepção teórico-metodológica de Marx, conforme se apresenta em suas elaborações de 1857 e nas posteriores a essa.

Inspiradas nessa conexão, que fundamenta a concepção teórico-metodológica no pensamento de Marx, concebemos os instrumentos técnico-científicos para apreensão e análise no âmbito da pesquisa e da produção de conhecimento de objetos históricos, a partir da sua inserção no quadro de referência teórico-metodológica que lhes dá sentido e orienta a postura do pesquisador no processo investigativo. Esses instrumentos não se definem *a priori*, mas se constroem no movimento dialético de construção do conhecimento, como detalhados no próximo capítulo.

A noção de categorias é fundamental nesse processo, são concebidas como abstrações da realidade concreta. Essa noção é desenvolvida por Marx em 1847 em sua crítica a Proudhon,[1] na qual "[...] ele explicita o seu entendimento, tomando as categorias como abstrações das relações reais, das relações sociais. E, estando estas *saturadas* de história, as categorias que as expressam também são históricas e só se explicam inseridas numa totalidade histórica" (Cardoso, 2016, p. 147, grifo do autor).

---

1. Pierre-Joseph Proudhon, filósofo francês e primeiro grande ideólogo anarquista da história para o anarquismo do século XIX. Protagonizou, com Marx, em 1846-1847, o mais significativo dos primeiros enfrentamentos ocorridos na história do movimento, desde o século XIX, que assinala "tanto a diferenciação político-ideológica, crucial e qualificativa entre duas perspectivas socialistas — a reformista e a revolucionária — quanto, simultaneamente, o embasamento da teoria social moderna" (Netto, 1985, p. 9).

Não são determinantes do real, como pretende o idealismo de Hegel e o de Proudhon, em que o movimento do real segue princípios ideais e a história passa a ser reprodução desses princípios.

A crítica ao idealismo de Hegel é feita em 1843, no manuscrito de Kreuznach[2] em que Marx, estruturando a lógica interna do pensamento hegeliano, descobre que esse pensador faz uma reflexão invertida: pensa o real como atributo do conceito; o movimento do pensamento — a ideia é o determinante da realidade e esta, a realização da ideia. A crítica de 1843 abre caminho para a construção da teoria social, mas é na *Miséria da filosofia*, de 1847, na polêmica com Proudhon, que Marx expõe, claramente, uma nova inteligibilidade do real histórico, que leva em conta o estudo da Economia Política, isto é, a compreensão totalizadora da sociedade burguesa.

Marx critica a historicidade de Proudhon, mostrando sua incapacidade de pensar o presente como história. Proudhon não nega a história, mas não vê o presente como tal. Para ele, há uma eternização das *categorias* que, imutáveis, não são históricas. Daí, a história só existe na ideia, isto é, "[...] a história que se reflete no movimento dialético da razão pura" (Marx, 1985, p. 111).

Sobre a eternização das categorias, Marx (1985) faz referência, ainda, na *Miséria da filosofia*, aos economistas burgueses, pela singularidade de procedimento, ao considerarem apenas duas espécies de instituições sociais: as artificiais e as naturais. As primeiras, próprias da feudalidade, e as segundas, próprias da burguesia. Isso leva a crer que as relações de produção burguesa são eternas, porque é nelas que a riqueza se cria e as forças produtivas desenvolvem-se, independentemente da época. Mas, segundo as leis da natureza, são elas mesmas leis naturais, leis eternas que devem reger a sociedade. Desse modo, a história existiu enquanto houve instituições feudais, mas hoje não há mais. E a sociedade burguesa, por ser natural, é eterna, segundo os economistas burgueses.

Na perspectiva materialista marxiana, pensar a história é pensá-la como relação entre homem ativo e real e seu modo objetivo, relação desse homem

---

2. Kreuznach, *gabinete de estudos* de Marx no período de maio a outubro-novembro de 1843. Pequena cidade distante 80 km de estância termal frequentada por visitantes abastados e letrados, dispunha de uma excelente biblioteca pública (Netto, 2020).

com a natureza e com outros homens na produção social. É, portanto, pensar a práxis — atividade humana que comporta a produção material, reprodução da sociedade e produção de ideias; é pensar nas formas de existência do ser social. Essa visão de história como ciência unitária enuncia com clareza que o método de Marx, como já dito, expressa e viabiliza o movimento de elaboração teórica na reprodução do movimento do real. Nesse movimento, é evidente que o sujeito não atribui a lógica ao objeto, como queriam Hegel e Proudhon, mas é a lógica de construção do real que se eleva ao pensamento. Nesse sentido, Marx se refere a Hegel no posfácio da 2ª edição alemã de *O capital* datado de 24 de janeiro de 1873, afirmando o seguinte:

> Meu método dialético, por seu fundamento, difere do método hegeliano, sendo a ele inteiramente oposto. Para Hegel, o processo do pensamento — que ele transforma em sujeito autônomo sob o nome da ideia — é o criador do real, e o real é apenas sua manifestação externa. Para mim, ao contrário, o ideal não é mais do que o material transposto para a cabeça do ser humano e por ela interpretado (Marx, 1994b, p. 16).

Na crítica a Proudhon, Marx vai mais além: caracteriza a sua lógica de intelectiva e não ontológica e denuncia a falsa dialética proudhoniana, em relação a Hegel, de quem Proudhon incorporou apenas a linguagem, pois, o movimento dialético, para Proudhon, é a distinção dogmática entre o bom e o mau. "O lado bom, o lado mau, as vantagens e o inconveniente, tomados em conjunto, constituem para o Sr. Proudhon a contradição em cada categoria econômica" (Marx, 1985, p. 107).

Para Proudhon, como analisa Marx (1985, p. 109), o problema da contradição é resolvido eliminando-se o lado mau e conservando-se o lado bom, e o confronta com o entendimento de Hegel em que "[...] o movimento dialético é a coexistência de dois lados contraditórios, sua luta e sua fusão numa categoria nova". Daí pensar a coexistência de um lado bom e de um lado mau, em qualquer categoria econômica, e eliminar o lado mau significa a destruição do movimento dialético. Marx avança nessa crítica quando, contrapondo-se aos economistas burgueses, que concebem a sociedade burguesa como eterna, mostra o antagonismo já existente da sociedade feudal, a presença do lado bom e do lado mau, estando este último sempre sobrepondo-se ao primeiro. Indica, ainda, que é o lado mau que produz o movimento, que faz a história.

No pensamento marxiano, o importante na investigação de um processo histórico é a descoberta das leis que o governam, das leis de sua transformação e desenvolvimento, as quais independem da vontade, da consciência e das intenções dos seres humanos. E, sendo a consciência subordinada à história da civilização, "[...] a investigação crítica da própria civilização não pode ter por fundamento as formas ou outros produtos da consciência. O que lhe pode servir de ponto de partida, portanto, não é a ideia, mas exclusivamente o fenômeno externo. (Marx, 1994b, p. 15, [ref. ao periódico de S.Petersburgo, 1872]).

No processo de investigação, os fatos são confrontados entre si e não com a ideia, e constituem forças diversas do desenvolvimento histórico.

Outro aspecto, não menos relevante nesse processo é o estudo das ordens de relações em que os estágios de desenvolvimento aparecem, pois, para Marx, não existem leis eternas; cada período histórico possui suas leis. Outras leis começam a reger a vida quando ela passa de um estágio para outro, depois de ter vencido determinada etapa de desenvolvimento.

Nesse sentido, Marx, prosseguindo sua crítica aos economistas burgueses, mostra-lhes que é preciso considerar a produção feudal como um modo de produção fundado no antagonismo, para avaliá-lo corretamente e verificar: como se produzia a riqueza no interior desse antagonismo e como as forças produtivas se desenvolviam, ao mesmo tempo que os antagonismos de classes; e como uma dessas classes adquire condições materiais de emancipação até a maturidade.

É nesse processo que a burguesia se forma começando com um proletariado dos tempos feudais. E à medida que essa classe, a burguesia, se desenvolve, vai desenvolvendo-se, no seu interior, um proletariado moderno:

> [...] desenvolve-se uma luta entre a classe proletária e a classe burguesa, luta que antes de sentida por ambos os lados percebida, avaliada, compreendida, confessada e proclamada abertamente, manifesta-se apenas por conflitos parciais e momentâneos, por episódios subversivos (Marx, 1985, p. 116).

Até aqui nos detivemos no movimento de elaboração teórico-metodológica de Marx e destacamos as categorias história e contradição, apresentando algumas de suas determinações que as configuram. Daqui por diante, retomando as duas questões formuladas no início deste capítulo como essenciais no desenvolvimento de uma pesquisa de objetos que se constituem na história, prosseguimos com a discussão da categoria totalidade, que é nuclear no método construído por Marx, em cuja elaboração ele distingue, formalmente, o método de investigação e o método de exposição.

Qual a relevância da categoria totalidade no método de Marx e na tradição marxista?

É importante ressaltar que é o ponto de vista da totalidade que demarca a distinção entre a perspectiva positivista, no processo de produção de conhecimento, e as perspectivas teórico-metodológicas marxiana e da tradição marxista.

Para essa discussão, tomamos como referência fundamental, mas não única, o texto de 1857 (*Para crítica da economia política*), no qual a discussão da categoria totalidade ganha relevância e em que as concepções teórico-metodológicas marxianas são solidificadas. No referido texto, Marx está no momento de investigação e explicita o percurso do seu pensamento nesse processo.

No pensamento de Marx, a totalidade é uma categoria ontológica que se põe como a própria realidade social da qual o sujeito abstrai as mediações para determiná-la em totalidade. Mediações essas que se constituem pelas relações entre os processos que ocorrem nas totalidades menos complexas constitutivas da realidade social mais complexa, no caso do objeto de estudo de Marx, a sociedade burguesa. A realidade social, como complexos de totalidades, dispõe-se segundo graus de maior ou menor complexidade. Esses complexos são componentes constitutivos da realidade, contudo, não são partes cujo somatório forma o todo, mas elementos em grau menor de complexidade que se articulam com a complexidade maior pelas mediações.

O indivíduo é a menor totalidade da realidade social e se vincula a outras totalidades mais complexas (a família, as classes etc.). Nessa vinculação entre as totalidades de maior e menor complexidade, o sentido da totalidade abrangente é que situa a dinâmica das totalidades parciais.

Assim, para compreender as regularidades dessas totalidades parciais, parte-se das totalidades mais complexas, mais desenvolvidas, para identificarmos o seu rebatimento nas totalidades de menor complexidade. Isso não significa que, necessariamente, temos que trabalhar o macrossocial para obter a totalidade, pois a noção desta categoria, em Marx, não infirma estudos setoriais, desde que estes níveis de abrangência não sejam considerados partes de um todo, mas totalidades menos complexas.

Com a noção de que a estrutura da realidade social é a totalidade de maior complexidade, Marx desvenda a estrutura da ordem burguesa como objeto histórico.

O que distingue o método de investigação do método da exposição na produção de conhecimento sobre os objetos históricos?

No pensamento marxiano, somente quando alcançada a síntese das múltiplas determinações, obtida por aproximações sucessivas, é que podemos expor os resultados da investigação, cuja lógica é para Marx (1994b, p. 16) distinta da lógica de investigação, quando afirma que: "É mister, sem dúvida, distinguir, formalmente, o método de exposição do método de pesquisa". Acrescenta:

> A investigação tem de apoderar-se da matéria, em seus pormenores, de analisar suas diferentes formas de desenvolvimento, e de perquirir a conexão íntima que há entre elas. Só depois de concluído esse trabalho é que se pode descrever, adequadamente, o movimento real. Se isto se consegue, ficará espelhada, no plano ideal, a vida da realidade pesquisada, o que pode dar a impressão de uma construção a priori (Marx, 1994b, p. 16).

Embora não se detenha sobre o método da exposição, fica subjacente que se trata de novo movimento guiado pela concepção da totalidade, já que a partir dessa categoria distingue formalmente o método de investigação e o método de exposição, como dito. Do nosso ponto de vista, o método de exposição traduz o movimento da síntese expressa na formulação e no desdobramento dos eixos centrais configuradores do objeto.

A exposição pode ser apresentada por meio de vários produtos técnico-científicos, com diferentes denominações e níveis distintos de elaboração: relatórios, monografias, dissertações de mestrado, teses de doutorado, artigos científicos, entre outros; e têm como referência inicial um projeto de pesquisa, como instrumento técnico-científico que estabelece o norte da investigação e os procedimentos operativos, adequados à perspectiva teórico-metodológica assumida pelo pesquisador. A respeito do projeto, como referência inicial, no capítulo seguinte, destacamos alguns fundamentos e uma concepção sobre ele.

Esses produtos são consubstanciados pelos resultados das análises críticas que se fazem por aproximações sucessivas ao objeto de pesquisa, o qual é configurado e exposto, em sua totalidade, no formato de um dos produtos mencionados, conforme opção do pesquisador, exigências dos órgãos de fomento, apoiadores da pesquisa e outros determinantes.

No âmbito das instituições acadêmico-científicas, sobretudo nos cursos de graduação, pós-graduação *lato e stricto sensu* nas universidades, tem sido exigência histórica das análises dos objetos de pesquisas: a configuração histórico-conceitual do objeto no processo de problematização.

Nessa linha de exigência, cada um dos produtos citados apresenta uma estrutura específica, mas todos mantêm (ou devem manter) o caráter analítico-crítico, problematizando e articulando, organicamente, as categorias teoria-método-história-totalidade, nas exposições dos objetos históricos analisados.

Reiteramos, embora ligados organicamente, que os métodos de investigação e de exposição possuem lógicas e movimentos distintos.

Atividades Complementares

EXERCÍCIOS E TEXTOS DE APOIO

Leituras para aprofundamento

Para aprofundamento dos estudos sobre o método, sob a influência de Marx e da tradição marxista, para apreender e reproduzir no plano do pensamento o movimento histórico de construção e reconstrução da realidade concreta, tomada como objeto de conhecimento, isto é, construir abstrações conceituais, adequadas à inteligibilidade do real, objeto da pesquisa na sua historicidade, expor os resultados dessa apreensão e buscar soluções para o futuro, sugerimos as seguintes leituras complementares:

a) CARDOSO, M. L. *O mito do método*. Rio de Janeiro: PUC-Rio, 1971. Mimeografado. Nessa obra, a autora pretende desmitificar o método que se identifica como técnica que encontra em si mesmo seus limites e jamais questiona suas propostas resultantes de esforço de aprofundamento. Para essa desmitificação, organiza a sua reflexão crítica em torno da epistemologia cartesiana que reduz o método a um conjunto de regras que garantem, por si só, os resultados desejados, o que para a autora é uma epistemologia que não dá conta da ciência contemporânea que apresenta questões mais complexas que exigem rigor no trabalho científico e nega qualquer pretensão de seguir, à risca, procedimentos estabelecidos, sem aprofundamento na discussão e reflexão críticas de critérios de cientificidade que os justifiquem.

b) CARDOSO, M. L. *Para conhecimento dos objetos históricos*: algumas questões metodológicas. Escola Interamericana de Administração Pública da Fundação Getúlio Vargas (EIAP/FGV). 1976. Mimeografado. Esse texto é centrado em um projeto sobre a produção de conhecimento de um objeto científico, cujo campo se delimita como um dos setores da economia brasileira: a agricultura. A autora tem como objetivo levantar algumas questões teórico-metodológicas indispensáveis para a produção de conhecimentos dos objetos históricos e conduzir a reflexão para algumas das que lhe parecem principais formas possíveis de resolvê-las.

c) CARDOSO, M. L. *A periodização e a ciência da história*. Brasília: Ministério da Agricultura, 1977. Mimeografado. Texto denso centrado em um primeiro relatório de uma pesquisa sobre periodização, questão de forte interesse da autora, em que ela aborda: "a construção do objeto histórico e o tratamento do tempo na explicação própria da ciência da história". Têm destaque, nesse texto, as categorias: totalidade, história, racionalidade, abstração e generalidade, dentre outras, não menos importantes, constitutivas do método da pesquisa seguido pela autora.

d) MARX, K. Manuscritos econômico-filosóficos 1844. *In:* FERNANDES, F. (org.). *Marx e Engels:* história. São Paulo: Ática, 1989. p.146-181. O texto constitui a parte final do primeiro dos manuscritos filosóficos e tem como centralidade a discussão de dois eixos: trabalho alienado e superação positiva da autoalienação humana. Acentua, em relação ao primeiro eixo, a propriedade privada, a separação de trabalho, capital e terra; e no segundo, desenvolve a sua reflexão em torno da relação propriedade e comunismo.

Para refletir em grupo

Com base no conteúdo do capítulo, desenvolver uma reflexão individual e o debate coletivo entre grupos de alunos e de profissionais em seus espaços de estudo, trabalho e de organização política.

a) Como se estabelece a relação de organicidade entre as categorias teoria, método e história, na pesquisa de objetos históricos?
b) Como você entendeu a relevância da categoria totalidade no método de Marx e na tradição marxista?
c) O que distingue o método de investigação do método de exposição na produção de conhecimento sobre esses objetos?

Dicas culturais

FILMES

a) ATAQUE dos cães. Direção: Jane Campion. Reino Unido/Canadá/Austrália/Nova Zelândia/Estados Unidos: Netflix, 2021. (165 min), son., color.
b) XINGU. Direção: Cao Hamburger. Brasil: Downtown Filmes, 2012. (116 min), son., color.
c) O ÓLEO de Lorenzo. Direção: George Miller. Estados Unidos: Universal Pictures, 1992. (136 min), son., color.

Capítulo 6

Instrumentos técnico-científicos da pesquisa: fundamentos e uma concepção de projeto de investigação como referência primeira

[...] a arte de operar com os conceitos não é algo inato ou dado na consciência comum, mas trabalho técnico do pensamento [...].

Friedrich Engels

Esta reflexão sobre os instrumentos técnico-científicos da pesquisa dá sequência à nossa incursão no método em Marx e na tradição marxista para o conhecimento dos objetos históricos, e se encaminha reiterando a premissa de que esses instrumentos são construídos no processo de pesquisa, como parte de um corpo teórico que articula teoria e realidade através do método. Portanto, reafirmamos a concepção contraposta a qualquer alusão desses instrumentos como algo pronto e acabado, definido, *a priori*, como regras a serem cumpridas em todo e qualquer projeto de pesquisa, como se apresentam nos cânones metodológicos positivistas e formalistas.

Assim, esta abordagem sobre a temática remete aos fundamentos da instrumentalidade técnico-científica que deriva da racionalidade dialética fundada no movimento totalizante da práxis, na qual se coloca a necessidade da unificação entre teoria e prática como devir histórico, numa lógica contrária à racionalidade formal-abstrata[1] que dicotomiza essa relação para responder adequadamente às necessidades da produção e reprodução da ordem burguesa.

Buscamos os fundamentos da relação dialética entre instrumentalidade e racionalidade na categoria práxis, a partir da qual entendemos a instrumentalidade na totalidade da vida, portanto, presente nas maneiras de pensar e agir na dinâmica da vida cotidiana que, assim, refletem racionalidades diversas, ainda que os sujeitos que a realizam nem sempre tenham consciência crítica da sua intencionalidade; diferentemente da produção do conhecimento crítico, em que a conexão dialética entre esses processos deve ser sempre consciente e intencional. É o que nos parece remeter à reflexão que Gramsci (1999, CC 11, § 44, p. 182) desenvolve em relação à necessidade de um exame comparativo "da técnica do senso comum, da filosofia do homem da rua, com a técnica do pensamento reflexivo e coerente", que é rigoroso e se funda no pensamento crítico.

No movimento dialético da práxis, os instrumentos técnico-científicos da pesquisa refletem racionalidades diversas e antagônicas, carregadas de polêmicas, seja no campo das Ciências Sociais e Humanas, seja no campo das Ciências da Natureza, como acentua José Paulo Netto (2009).[2] E, assim,

1. Sobre a racionalidade dialética e a racionalidade formal-abstrata, consultar Guerra (1995). A autora adota a práxis como matriz categorial de sua análise sobre "a instrumentalidade do Serviço Social", com o pressuposto de que essa matriz constitui "[...] campo privilegiado, no qual as articulações, os nexos, as contradições entre instrumentalidade e racionalidade, teorias e práticas se movimentam" (Guerra, 1995, p. 14), com a qual concordamos. Nessa análise, a autora recorre ao referencial teórico-metodológico marxiano e a interpretações lukacsianas.

2. O debate sobre a questão metodológica sempre esteve em primeiro plano nas Ciências Sociais, como analisa José Paulo Netto (2009, p. 668), "[...] assim ocorreu, por exemplo, quando se tornou visível, nos anos 1970, a crise da sociologia acadêmica (Gouldner, 2000; Morrin, 2005; Giddens, 1978) e assim voltou a verificar-se quando, já aprofundada esta crise, as ciências sociais desenvolveram explicitamente a discussão sobre os 'paradigmas' (Santos, 1989, 2000)". Mas, a questão do método, como assinala o autor, é também, "[...] alvo de polêmicas nas ciências que têm por objeto a natureza" (Popper, 1980; Geymonat, 1984-1985; Feyerabend, 1980, 2007 *apud* Netto, 2009, p. 668).

colocam-se como questão teórico-metodológica/técnico-científica que é também ideológica, ética e histórico-política. Para José Paulo Netto (2009, p. 668), a questão do método se apresenta "[...] tanto mais polêmica quanto mais está conectada a supostos de natureza filosófica". Se pensarmos a natureza filosófica sob a perspectiva da filosofia da práxis, apreendemos com profundidade as complexas determinações históricas, ético-políticas e teórico-metodológicas das racionalidades contraditórias que orientam a dinâmica da vida em todas as suas dimensões e se expressam nas polêmicas metodológicas.

Esta reflexão fundamentada na racionalidade dialética a partir do método marxiano e da tradição marxista se consubstancia no movimento da história. José Paulo Netto (2009) remete-se a Engels para assinalar a função da história no processo de conhecimento, para quem a história é:

> [...] antes de tudo um guia para o estudo [...]. É necessário estudar novamente toda a história — e estudar, em suas minúcias, as condições de vida das diversas formações sociais — antes de fazer derivar delas as ideias políticas, estéticas, religiosas, sobre o direito privado, etc., que lhes correspondem (Marx; Engels, s. d., p. 283).

Marx, em seu método do abstrato ao concreto, deixa implícito os instrumentos do pensamento para apreensão e análise no âmbito pesquisa e da produção de conhecimento dos objetos históricos, como explicitado no capítulo anterior. Para José Paulo Netto, os instrumentos de pesquisa:

> [...] são meios que se vale o pesquisador para "apoderar-se da matéria", mas que não devem ser identificados com o método: instrumentos similares podem servir (e de fato servem), em escala variada, a concepções metodológicas diferentes. Cabe observar que, no mais de um século decorrido após a morte de Marx, as ciências sociais desenvolveram um enorme acervo de instrumentos (técnicas) de pesquisa, com alcances diferenciados — e *todo* pesquisador deve esforçar-se por conhecer este acervo, apropriar-se dele e dominar a sua utilização (Netto, 2009, p. 675, grifo do autor).

Os fundamentos e as particularidades desses instrumentos, assim como dos instrumentos materiais, são aprofundados em análises na tradição marxista, dentre as quais privilegiamos aqui a contribuição de Gramsci que, seguindo o pensamento marxiano, como faz questão de frisar, em toda sua obra, sobretudo nos *Cadernos do cárcere* (1929-1935), dá grande atenção à metodologia histórica, numa reflexão consubstanciada na relação dialética entre o homem e a natureza, com ênfase na unidade teoria e prática.

Com base nestas indicações, avançamos no desenvolvimento deste capítulo a partir de duas indagações: (a) Que contribuição podemos abstrair da análise de Gramsci sobre os instrumentos técnico-científicos? (b) Qual a importância do projeto de pesquisa como referência primeira dentre os instrumentos técnico-científicos?

Que contribuição podemos abstrair da análise de Gramsci sobre os instrumentos técnico-científicos?

Nessa perspectiva, abstraímos alguns elementos do pensamento de Gramsci referentes aos instrumentos técnico-científicos, no âmbito da sua análise sobre a complexidade da sociedade burguesa, centrada na particularidade da Itália em crise sob a ascensão do regime fascista (1922-1943). Trata-se de uma análise vinculada organicamente à luta política de enfrentamento ao fascismo e à construção de uma alternativa socialista ao capitalismo, em que a constituição de uma nova hegemonia pelos subalternos é colocada como estratégia revolucionária. Desse modo, Gramsci desenvolve ampla discussão sobre questões referidas à metodologia histórica e à pedagogia no movimento de elaboração e difusão de uma nova concepção de mundo como condição essencial, embora não suficiente, na formação de uma nova cultura e elevação cultural das massas subalternas, parte substantiva do processo de emancipação dos subalternos.

Daí a importância dada pelo filósofo e militante comunista à criação das camadas de intelectuais organicamente vinculadas ao movimento de constituição das classes subalternas como classe hegemônica, cuja solidez da relação entre os intelectuais e a classe deve refletir a mesma relação que deve haver no processo histórico de unificação entre teoria e prática. Destaca o partido político, intelectual coletivo, com função fundamental nesse processo, de elaborador das novas intelectualidades integrais e universais, "[...] isto é, o crisol da unificação de teoria e prática entendida como processo histórico real; e compreende-se, assim, como seja necessária que a sua formação se realize através da adesão individual e não ao modo 'laborista' [...]" (Gramsci, 1999, CC 11, § 12, p. 105). Processo esse referente à superação da dicotomia entre o pensar e o agir nos homens ativos de massa, estabelecida na dinâmica da sociedade capitalista pela necessidade da classe burguesa de manter a sua hegemonia econômica e político-ideológica sobre o conjunto da sociedade, sustentada na reificação do trabalho alienado.

Nesse movimento, guiado pela filosofia da práxis, que por seu caráter tendencial de filosofia de massa se apresenta como a nova concepção de mundo que pretende se tornar senso comum na base de uma nova sociabilidade, Gramsci valoriza a questão do método como condição da construção de uma nova superior concepção de mundo, liberta das ilusões ideológicas dominantes presentes nas concepções de mundo disparatadas e desagregadas que formam o senso comum e nas reproduções mecanicistas do *status quo*, próprias do positivismo e do formalismo. Mas alerta o pensador sardo para o seguinte cuidado metodológico: "[...] o ponto de partida deve ser sempre o senso comum, que é espontaneamente a filosofia das multidões, as quais se trata de tornar ideologicamente homogêneas" (Gramsci, 1999, CC 10, § 13, p. 116), mediante o desenvolvimento do bom senso, o núcleo sadio do senso comum. Como vimos no capítulo anterior, o movimento do método é guiado pelo pensamento, embora parta do concreto (real), ainda que só se torne verdadeiramente científico quando retorna ao concreto, pensando-o a partir do abstrato, isto é, das determinações abstraídas do próprio concreto por meio de processos intelectivos.

Nesse movimento, Gramsci trata dos instrumentos no processo de produção do conhecimento crítico, notadamente na crítica rigorosa que desenvolve sobre o *Ensaio popular de sociologia*, livro escrito por Nikolai Bukhárin, publicado em Moscou, em 1921, com o título *Teoria do materialismo histórico. Manual popular de sociologia marxista*. Na crítica ao *Manual popular*, no *Cadernos do cárcere 11* (1932-1933), questiona a cientificidade do livro, cujo conteúdo tenta reduzir a filosofia da práxis a uma sociologia, assim como critica os equívocos pedagógicos de sua proposta de difusão junto às massas populares. Nessa interlocução crítica, aborda, dentre inúmeras questões metodológicas gerais, temas relacionados ao conceito de ciência, do qual derivam outros temas, atinentes à objetividade e à subjetividade, à realidade do mundo exterior, à relação sociedade e natureza, à teleologia, à ideologia, à linguagem, à própria dialética como técnica, dentre outros que atravessam a construção dos instrumentos, tendo presente a dimensão ético-política implicada nessas questões, na perspectiva histórica de elevação cultural das massas como necessidade no processo de emancipação dos subalternos na luta de hegemonias políticas.

Na reflexão sobre os instrumentos técnico-científicos nesse grande conjunto de questões, Gramsci os diferencia em duas ordens: os instrumentos mentais ou intelectuais; e os instrumentos materiais, considerando as contradições e as particularidades das ciências naturais e experimentais e da filosofia da práxis.[3] O filósofo sardo se vale de uma variada nomenclatura quando se refere aos instrumentos, dando conta das múltiplas possibilidades de construção na dinâmica da produção do conhecimento.

Assim, refere-se aos instrumentos mentais ou intelectuais como: instrumentos lógicos do pensamento, instrumentos científicos, instrumentos técnicos e as técnicas do pensar; e quanto aos instrumentos materiais se refere, principalmente, aos aparatos materiais da ciência experimental e a todo o arcabouço do progresso tecnológico.[4]

Para Gramsci, os instrumentos são meios na dinâmica metodológica de investigação e na dinâmica da vida cotidiana. Destaca essa concepção explicitamente quando se refere aos instrumentais mentais e morais (a conotação moral dos instrumentos mentais nessa passagem explicitada é outra particularidade a ser considerada, que podemos atribuir à atenção dada pelo filósofo sardo a implicações dos padrões de conduta na construção desses

---

3. Não pretendemos esgotar a complexa discussão metodológica de Gramsci, a nossa reflexão neste livro enfatiza aspectos extraídos dos *Cadernos 11* (1932-1933), sobretudo na crítica rigorosa que empreende sobre o livro de Nikolai Bukhárin.

4. Nesse particular, podemos acrescentar que Gramsci, em seu tempo histórico, sem ter vivenciado a chamada revolução informacional (Lojkine, 1995), hoje marcada pela rapidez das tecnologias da informação e comunicação (TIC), com o avanço da internet e das redes mundiais de computadores, já indicava a força avassaladora do progresso tecnológico na produção/reprodução material e imaterial da vida e suas implicações nas dimensões ideológicas, ético-políticas, históricas e teórico-metodológicas no desenvolvimento da pesquisa, com seus usos e desusos.

meios, já que os vincula à reconstrução da atividade humana, no movimento de reforma intelectual e moral na luta de hegemonias); citando Camis (1928), pergunta se são sempre os mesmos instrumentos de que os homens dispõem. Menciona alguns deles: "A observação, a experiência, o raciocínio indutivo e dedutivo, a habilidade manual (?) e a fantasia inventiva" (Camis, 1928 *apud* Gramsci, 1999, CC 11, § 44, p. 182, 183). Mas considera que, de acordo "[...] com o método pelo qual esses meios são usados, tem-se uma orientação empírica ou científica da atividade humana" (Gramsci, 1999, CC 11, § 44, p. 179). A orientação empírica nesta formulação pode significar para Gramsci como não científico, como dito no capítulo anterior.

Temos, assim, indicação da ampla e complexa discussão sobre os instrumentos técnico-científicos no âmbito da metodologia histórica em Gramsci. Na reflexão sobre a técnica do pensar, o filósofo sardo recorre a uma passagem no prefácio do *Anti-Dühring* de Engels: "[...] a arte de operar com os conceitos não é algo inato ou dado na consciência comum, mas trabalho técnico do pensamento, que tem uma longa história, tanto quanto a pesquisa experimental das ciências naturais" (Prefácio à 3ª edição, Stuttgart, 1894, p. XIX *apud* Gramsci, 1999, CC 11, § 44, p. 179). Gramsci (1999, CC 11, § 44, p. 179) se refere à importância desse conceito de Engels e ao lugar que deve ocupar "[...] num sistema de filosofia da práxis, bem como de ver se ele tem o reconhecimento 'prático e cultural' que merece"; e interpreta que, nesse conceito, Engels reconhece a permanência mesmo após as inovações da filosofia da práxis, de elementos da velha filosofia, entre outros, a lógica formal, que não significa cair no formalismo.

Essa linha de interpretação nos remete à possibilidade de incorporação e reconstrução cientificamente, no processo específico de uma pesquisa, de instrumentos estandartizados pela experiência formal-abstrata, embora não lhes sejam exclusivos. Exemplificando, situamos: o questionário,[5] a entrevista, as amostragens, a estatística, a análise de conteúdo, a história de vida, a

5. O *Questionário de 1880*, elaborado por Marx, a conhecida *Enquete operária*, pode ser considerado um exemplo da apropriação e reconstrução pelos socialistas da proposta da enquete operária desenvolvida por governos e representantes da classe dominante, para controle da classe operária. A enquete operária de Marx, como abordaremos no capítulo seguinte deste livro, ao contrário, direciona-se para o conhecimento da realidade de vida e trabalho da classe operária, ao mesmo tempo,

história oral, dentre outros. A partir da reconstrução dialética, novos conteúdos são agregados e se redefine o lugar do instrumento no conjunto teórico do qual faz parte. Isso decorre da premissa de que todo processo de pesquisa é único. Como acentua Gramsci:

> [...] Deve-se deixar estabelecido que toda investigação tem seu método determinado e constrói uma ciência determinada, e que o método desenvolveu-se e foi elaborado conjuntamente ao desenvolvimento e à elaboração daquela determinada investigação e ciência, formando com ela um todo único (Gramsci, 1999, CC 11, § 15, p. 122).

Essa premissa reitera o entendimento de que em cada experiência particular de pesquisa os processos são únicos, ainda que se possa fazer uso de instrumentos elaborados em outros contextos e experiências, reconstruindo-os em outras bases teóricas e empíricas. Disso decorre outro equívoco metodológico alertado por Gramsci (1999, CC 11, § 15, p. 122), referente a acreditar "[...] que se pode fazer progredir uma investigação científica aplicando-lhe um método tipo, escolhido porque deu bons resultados em outra investigação ao qual estava relacionado [...]". Mas, é importante atentar para o fato de que os cientistas acumulam em suas trajetórias "[...] critérios gerais que, digamos, constituem a consciência crítica de todo cientista, não importa qual seja a sua 'especialização', e que devem estar sempre espontaneamente ativos em seu trabalho" (Gramsci, 1999, CC 11, § 15, p. 123).

Dessa concepção, Gramsci (1999, CC 11, § 15) abstrai muitas questões alusivas à consciência, à segurança e aos valores éticos dos cientistas, que são indicativas do necessário rigor teórico-metodológico e da confiabilidade do conhecimento produzido.

> [...] Desta forma, pode-se dizer que não é cientista quem demonstre escassa segurança em seus critérios particulares, quem não tenha uma plena inteligência dos conceitos utilizados, quem tenha escassa informação e conhecimento do estágio precedente dos problemas tratados, quem não seja muito cauteloso

---

constitui elemento estimulador do autoconhecimento, da conscientização, da organização e da luta dessa classe por seus interesses emancipatórios.

> em suas afirmações, quem não progrida de maneira necessária, mas sim arbitrária e sem concatenação, quem não saiba levar em conta as lacunas que existem nos conhecimentos já atingidos, mas as ignore e se contente com soluções ou nexos puramente verbais, ao invés de declarar que se trata de posições provisórias que poderão ser retomadas e desenvolvidas, etc. (Gramsci, 1999, CC 11, § 15, p. 123).

Outra questão pode ser destacada aqui, a qual Gramsci vincula ao critério metodológico, que é essencialmente ético, de escolha da questão, do adversário e dos aspectos da polêmica enfrentada.

> [...] Não é muito "científico" (ou, mais simplesmente, "muito sério") escolher os adversários entre os mais estúpidos e medíocres; ou, ainda, escolher entre as opiniões dos próprios adversários as menos essenciais e as mais ocasionais, presumindo assim ser "destruído" "todo" o adversário porque se destruiu uma sua opinião secundária e acidental, ou ter destruído uma ideologia ou uma doutrina por que se demonstrou a insuficiência teórica de seus defensores de terceira ou quarta categoria. E mais: "deve-se ser justo com os adversários" no sentido de que é necessário esforçar-se para compreender o que eles realmente quiserem dizer, e não fixar-se maliciosamente nos significados superficiais e imediatos das suas expressões (Gramsci, 1999, CC 11, § 15, p. 123).

A questão da ciência e da ética está no cerne da construção da instrumentalidade na metodologia histórica, implicada na relação direta entre a objetividade e a subjetividade consubstanciada na relação homem e natureza no movimento da história. Na pesquisa científica, a ética é um elemento estruturante, questão retomada no final do capítulo.

Para Gramsci (1999, CC 11, § 17, p. 134), "[...] Objetivo significa sempre 'humanamente objetivo', o que pode corresponder exatamente a 'historicamente subjetivo', isto é, objetivo significaria 'universal subjetivo'". Essa unidade dialética — objetivo e subjetivo — traduz a tese de que o homem "conhece objetivamente na medida em que o conhecimento é real para todo gênero humano historicamente unificado em um sistema cultural unitário" (Gramsci, 1999, CC 11, § 17, p. 134).

Essa discussão remete para a relação entre a luta ideológica e a produção do conhecimento histórico-crítico que atravessa toda análise gramsciana sobre a ciência, a metodologia histórica e seus instrumentos, em que Gramsci acentua a necessidade de diferenciar a ideologia difusa de massa das obras científicas, das grandes sínteses filosóficas. Assim, afirma que:

> Uma nova ciência alcança a prova da sua eficiência e fecunda vitalidade quando demonstra saber enfrentar os grandes campeões das tendências opostas, quando resolve com seus próprios instrumentos as questões vitais colocadas por estas tendências ou quando demonstra peremptoriamente que tais questões são falsos problemas (Gramsci, 1999, CC 11, § 22, p. 141).

Desse modo, o autor sardo alerta para o fato de que a ciência é ela, também, uma superestrutura, uma ideologia. A "ciência jamais se apresenta como nua noção objetiva; ela se apresenta sempre revestida por uma ideologia e, concretamente, a ciência é a união do fato objetivo com uma hipótese, ou um sistema de hipóteses, que superam o mero fato objetivo" (Gramsci, 1999, CC 11, § 38, p. 175). Isso fica evidente na crítica da pseudoneutralidade do pesquisador a partir do recurso à instrumentalidade formal-abstrata.

Na direção do desenvolvimento humano unificado, Gramsci (1999, CC 11, § 17, p. 134) acentua o papel histórico da ciência experimental, que "[...] foi (ofereceu), até agora, o terreno no qual uma tal unidade atingiu o máximo de extensão: ela foi o elemento de conhecimento que mais contribuiu para unificar o 'espírito', para fazê-lo se tornar universal; ela é a subjetividade mais objetivada e universalizada concretamente".

Na ciência experimental, podemos entender, ocorre a mais complexa síntese da instrumentalidade, isto é, na construção dos instrumentos intelectuais e dos instrumentos materiais, na medida em que se pode considerar que com:

> [...] o desenvolvimento dos instrumentos "materiais" científicos, que se inicia historicamente com o advento do método experimental, desenvolveu-se uma ciência particular, a ciência dos instrumentos, estreitamente ligada ao desenvolvimento geral da produção e da tecnologia (Gramsci, 1999, CC 11, § 21, p. 139).

Essa concepção difere do conceito de objetivo do materialismo metafísico que tende a significar uma existência fora do homem, a qual é refutada por Gramsci, ao ponderar que:

> [...] quando se afirma que uma realidade existiria ainda que não existisse o homem, ou se faz uma metáfora ou se cai numa forma de misticismo. Conhecemos a realidade apenas em relação ao homem e, como o homem é um devir histórico, também o conhecimento e a realidade são um devir, também a objetividade é um devir, etc. (Gramsci, 1999, CC 11, § 17, p. 134).

Daí podemos pensar a partir da dialética inerente ao movimento de construção dos instrumentos técnico-científicos, como produtos históricos do pensamento na relação com a realidade concreta, que esses instrumentos são sempre construtos aproximativos. Gramsci (1999, CC 11, § 21, p. 139) ressalta que: "[...] os principais instrumentos do progresso científico são de natureza intelectual (bem como política) metodológica"; e recorre a Engels para reiterar que "[...] os 'instrumentos intelectuais' não nasceram do nada, não são inatos no homem, mas são adquiridos e se desenvolveram e se desenvolvem historicamente".

Sobre as técnicas do pensar, como processo histórico, Gramsci (1999, CC 11, § 44, p. 182) é cauteloso e sugere que devam ser entendidas como propedêutica, processo de elaboração, já que a "[...] imagem do 'instrumento' técnico pode induzir a erro"; e atenta para a necessária distinção entre as técnicas do pensamento e as operações mentais. As técnicas do pensamento requisitam critérios de julgamento e controle que as diferenciem do modo de pensar do senso comum, isto é, do modo de raciocinar simplista da grande maioria dos homens e, além disso, corrigem as distorções da forma de pensar do senso comum.

Nessa relação se coloca outra questão metodológica que é alusiva à linguagem, à qual Gramsci deu grande atenção nos estudos metodológicos, na medida em que essa questão se manifesta nas diferentes dimensões da vida humana e atravessa a construção dos instrumentos técnico-científicos. Ele considera a distinção entre os termos linguagem e língua. Como assinala Boothman:

> [...] em geral, Gramsci usa "linguagem" para denotar um subconjunto do fenômeno mais amplo de "língua", que, como tal, pode indicar o modo de falar ou de expressar de um grupo social (cf. o jargão das profissões no Q6,71,739[CC 6,196]) ou "o modo de falar da cidade" (Q 29,2, 2.343[CC, 6, 142]) e também, no limite, dos indivíduos singulares. Outras vezes pode tratar-se do discurso técnico de uma ciência, isto é, de "linguagens científicas e filosóficas" (discutidas sobretudo no aspecto da tradução no Q11, 46-9 [CC,1, 185-8]), e também a linguagem da política (Boothman, 2017, p. 476).

Muitas outras particularizações da linguagem são abordadas pelo filósofo sardo, como é o caso da linguagem verbal-literária, que "[...] é a que melhor caracteriza o elemento nacional-popular-cultural" (Boothman, 2017, p. 477). A linguagem como fato histórico está em permanente desenvolvimento, "[...] se toda linguagem contém os elementos de uma concepção do mundo e de uma cultura, será igualmente verdade que, a partir da linguagem de cada um, é possível julgar a maior ou menor complexidade da sua concepção de mundo" (Gramsci, 1999, CC 11, § 12, p. 95). As linguagens científicas e filosóficas têm a tarefa de traduzir os elementos da vida histórica para melhor interpretá-los, é o que nos sugere a interpretação de Boothman (2017). Assim, podemos entender que a complexidade e a historicidade das linguagens científicas e filosóficas reverberam na complexidade e na historicidade dos instrumentos técnico-científicos.

São muitas questões que atravessam as linguagens científicas e filosóficas, dentre elas, é exemplar a referida aos equívocos em relação ao conceito de *matéria* utilizada na análise de Bukhárin sobre as forças materiais da produção,[6] em que Gramsci (1999, CC11, § 30, p. 160) assinala a importância de "[...] definir com exatidão não só os conceitos fundamentais, mas toda a terminologia, a fim de evitar as causas de erros ocasionadas pelas acepções populares vulgares das palavras científicas".

---

6. Gramsci (1999, CC 11, § 30, p. 160) critica a análise de Bukhárin sobre as forças materiais da produção que parte dos significados que resultam das ciências naturais (física, química, mecânica etc.) e das diversas metafísicas materialistas; e confronta essa linha de interpretação com a filosofia da práxis, em que a matéria é "[...] social e historicamente organizada pela produção e, desta forma, a ciência natural deve ser considerada essencialmente uma categoria histórica, uma relação humana".

Como processos históricos, a construção dos instrumentos técnico-científicos, reafirmamos, vincula-se organicamente ao movimento da práxis e remete à relação fundante entre sociedade e natureza.

Qual a importância do projeto de pesquisa como referência primeira dentre os instrumentos técnico-científicos?

O projeto de pesquisa, como um instrumento técnico-científico, constitui-se por diretrizes e procedimentos para apreensão e análise sistemática de objetos históricos, como espécie de guia aos pesquisadores. Tais diretrizes e procedimentos têm uma relação de organicidade com a perspectiva teórico-metodológica da qual são componentes constituintes. Daí o caráter antitecnicista do projeto de pesquisa e seu caráter de cientificidade que se situa no âmbito do planejamento, como elemento indispensável da pesquisa sistemática e do processo de produção de conhecimento.

Esse planejamento envolve definições importantes quanto: ao tema ou eixo temático a ser pesquisado; ao problema ou objeto de investigação, o qual resulta da problematização do tema; aos objetivos pretendidos com o estudo desse objeto; aos procedimentos teórico-metodológicos e aos instrumentos técnico-científicos próprios para obtenção de informações históricas conceituais que consubstanciam o objeto de pesquisa, bem como para análise dessas informações; à perspectiva teórico-metodológica e ideopolítica orientadora da análise do objeto; a pressupostos, premissas ou hipóteses sobre o problema delimitado para estudo.

Essas definições constituem os elementos básicos presentes em qualquer projeto de pesquisa que se reconheça de caráter científico.

Entretanto, tais questões e definições apresentam diferenciações entre uma pesquisa e outra, a partir da temática de estudo e, fundamentalmente, da perspectiva teórico-metodológica adotada, que prosseguem, transversalmente, por todo o projeto. Este se materializa em um texto escrito que registra os fundamentos e as diretrizes da pesquisa e apresenta-se, convencionalmente, mas não de maneira obrigatória, com a seguinte estrutura: justificativa; problematização ou configuração histórico-conceitual do objeto;

objetivos: gerais e específicos; indicações teórico-metodológicas (perspectivas, pressupostos e procedimentos operativos, instrumentos técnico-científicos, periodização); orçamento (caso tenha apoio de órgãos financiadores); cronograma e referências bibliográficas.

Essa estrutura pode ter variações, de acordo com exigências formais de órgãos de fomento. Entretanto, alguns elementos estruturantes, apontados anteriormente como definições importantes, são indispensáveis em quaisquer projetos de investigação.

Esta reflexão sobre os elementos estruturantes do projeto de pesquisa orienta-se por duas indagações e é ilustrada pelo projeto de pesquisa "Serviço Social e organização política das classes subalternas: as lutas sociais no enfrentamento da questão social na crise contemporânea do capitalismo, no Brasil" (ver Apêndice).

Qual a definição de cada um desses elementos estruturantes do projeto? Que relações se estabelecem entre eles, configurando o projeto como totalidade?

O tema da pesquisa, em termos gerais, define-se a partir de inquietações do pesquisador em relação a alguma dificuldade teórico-prática, de lacunas ou imprecisões verificadas em outros trabalhos investigados ou nos fundamentos teóricos que lhe servem de suporte. Mas pode, também, definir-se por interesses teórico-metodológicos e político-ideológicos presentes na trajetória profissional e política do pesquisador, assim como para atender a uma demanda específica colocada por uma instituição pública ou privada, entidades de classe, dentre outros.

Diante das diferentes razões para a escolha do tema e da diversidade de temas que podem ser estudados, Alcoforado (2009, p. 724) recomenda "[...] que o pesquisador considere, na escolha do tema da sua pesquisa, os critérios de originalidade, viabilidade e relevância". Para essa autora, a questão da originalidade não significa, necessariamente, descobrir temáticas sobre as quais não existam pesquisas anteriores a partir da ideia de que qualquer pesquisa parte do zero. Isso não é verdade! Daí, propõe uma abordagem sob um novo enfoque, novos argumentos e pontos de vista.

Quanto ao critério de viabilidade, a autora citada refere-se aos aspectos práticos da pesquisa: prazos, acesso à bibliografia, grau de acúmulo do pesquisador sobre a temática de estudo, publicações existentes sobre o tema. Enfim, destaca a importância de considerar, no planejamento, as condições objetivas de realização da pesquisa, além da sua relevância e originalidade.

Assim, a escolha do tema de pesquisa deve estar ligada, de alguma forma, a uma questão de interesse profissional ou social e não apenas por interesse individual do pesquisador, pois embora seja uma das razões importantes, não é suficiente para justificar a realização de uma pesquisa. O tema deve ser pertinente conceitual e historicamente, isto é, situar-se em campo temático consolidado e expressar o próprio desenvolvimento histórico da realidade concreta à qual se refere o tema. Uma mesma questão recortada da realidade concreta pode ser analisada sob diferentes recortes que se expressam em temas.

Definido o tema, é necessário problematizá-lo e demarcar, delimitar o objeto de pesquisa, o qual não se confunde com o tema, mas a sua relação com ele é orgânica e resulta da sua problematização.

Mas como problematizar um tema de pesquisa?

Em primeiro lugar, é importante destacar que esse processo se consubstancia por questões oriundas de inquietações do pesquisador, desde a escolha do tema, e que dois elementos são fundamentais nesse processo: a realidade empírico-histórica e as formulações teóricas já existentes sobre a realidade a ser pesquisada.

Se admitimos que nenhuma pesquisa parte do zero, as concepções teóricas já formuladas sobre os objetos históricos, cujos estudos precisam avançar, fazem parte da história desses objetos. Portanto, são, necessariamente, consideradas na problematização, que podemos entender como um movimento dialético entre as formulações teóricas ou referências conceituais já existentes sobre a realidade a ser pesquisada e a realidade empírica ou histórica, a partir de evidências captadas na experiência de pesquisa ou mediante levantamentos exploratórios sob o comando dessas formulações ou referências conceituais.

No processo de problematização, a revisão de literatura é um instrumento essencial direcionada para a busca de fundamentos históricos e conceituais, ou seja, das determinações constitutivas da realidade a ser pesquisada, que é abordada como totalidade histórica. Portanto, as suas determinações só podem ser apreendidas pelo caminho das categorias teóricas e históricas que dão conta do desenvolvimento histórico dessas determinações e do que elas determinam. Exemplificamos, a partir do projeto mencionado: a questão social, como categoria fundante do Serviço Social; a práxis, como categoria geral que dá conta da totalidade das ações do homem na sociedade; o Serviço Social como categoria, expressão da práxis; e a organização política como categoria que se materializa nos processos sociais concretos de enfrentamentos na luta de classes.

Metodologicamente, a busca das referências conceituais supõe a interlocução crítica entre teóricos clássicos e contemporâneos, da perspectiva teórico-metodológica e ideopolítica adotada, e teóricos de perspectivas diferenciadas, confrontando-os, com postura crítica, para definição, pelo pesquisador, dos seus parâmetros acadêmicos e políticos na configuração e na delimitação do objeto da pesquisa, o qual resulta desse processo de problematização. Como dito antes, a configuração e a delimitação do objeto como síntese da relação dialética entre a realidade empírico-histórica e as formulações teóricas já existentes sobre essa realidade impõem também a busca das referências empíricas da realidade em movimento que podem ultrapassar a revisão de literatura, bem como de dados concretos extraídos da experiência do pesquisador, de estudos estatísticos, ou mediante levantamentos exploratórios e informações de outras pesquisas empíricas. É a relação entre referências conceituais e empíricas/históricas guiada pela teoria e condicionada pela realidade concreta que permite a identificação de eixos problemáticos que contêm os elementos constitutivos do objeto de conhecimento. O objeto do conhecimento é, assim, um conjunto de relações temáticas, portanto, é uma formulação teórica, ainda preliminar.

Essa delimitação preliminar do objeto, no projeto de pesquisa, é importante que seja formulada em termos de questões central e complementares que guiarão os momentos subsequentes: da elaboração do projeto; da execução da pesquisa e da exposição dos resultados nas formas de tese de doutorado, dissertação de mestrado, monografia de graduação, livro, artigo, relatório etc.

As questões centrais e complementares têm organicidade com o tema formulado, com todo o processo de interlocução feito entre autores e destes com o pesquisador e os pesquisadores. Nelas estão contidos os elementos constitutivos do objeto de estudo que, em nenhuma circunstância, deve ser confundido com o tema ou o desdobramento do seu enunciado. Exemplificando, mencionamos a questão central e as questões complementares, relacionadas ao projeto de referência: quais as relações que se estabelecem entre o Serviço Social e a organização política das classes subalternas, nas lutas sociais no enfrentamento da questão social, na crise contemporânea do capitalismo, no Brasil? E como questões complementares: qual a configuração da questão social na crise contemporânea do capitalismo e as diferentes formas de enfrentamento pelas classes sociais e pelo Estado? Quais as instituições de organização política das classes subalternas que permanecem na resistência contra o capital? Quais os desafios postos para as classes subalternas e para as instituições de organização dos assistentes sociais, como sujeitos históricos no enfrentamento da questão social? Quais as mediações e os vínculos efetivos do Serviço Social, como profissão, com as instituições de organização das classes subalternas, com perspectiva classista de oposições ao capital?

O objeto de pesquisa, reiteramos, resulta da problematização do tema que envolve elementos teóricos e empíricos em unidade, configurando-se, portanto, numa totalidade histórico-conceitual, por aproximações sucessivas, no processo de elaboração do projeto, no início e no final da pesquisa, em determinado momento histórico.

A problematização preliminar do tema e a delimitação do objeto da pesquisa orientam a formulação dos objetivos do estudo e os demais elementos estruturantes do projeto.

O que observar na formulação dos objetivos e dos demais elementos estruturantes?

Na formulação dos objetivos, definimos *para que* a pesquisa será realizada e expressamos, com clareza, a relação dos objetivos geral e específicos, com as questões central e complementares, respectivamente, que delimitam o objeto de pesquisa.

Exemplificando com base no projeto de referência, destacamos a formulação dos objetivos gerais: aprofundar a análise sobre as relações entre o Serviço Social e a organização política das classes subalternas, com destaque às lutas sociais no enfrentamento da questão social na crise contemporânea do capitalismo; contribuir teórica e politicamente para o avanço de pesquisas históricas e publicações sobre a organização das classes subalternas e a relação com o Serviço Social. Como objetivos específicos: reconstruir uma referência histórico-conceitual sobre a organização política das classes subalternas e sua relação com o Serviço Social; reconstruir uma referência histórico-conceitual da questão social na crise contemporânea do capitalismo e suas diferentes formas de enfrentamento pelas classes sociais e pelo Estado; ampliar e aprofundar a análise das instituições de organização política das classes subalternas que permanecem na resistência contra o capital; caracterizar e analisar os desafios postos para as classes subalternas e para as instituições de organização dos assistentes sociais, em particular, como sujeitos históricos no enfrentamento da questão social; subsidiar o debate crítico em torno da temática em estudo e as práticas sociais para o enfrentamento dos desafios mais gerais das classes subalternas na contemporaneidade; identificar e analisar as mediações e os vínculos efetivos do Serviço Social como profissão, com as instituições de organização das classes subalternas, com perspectiva classista de oposições ao capital.

Na definição dos objetivos, pautada na problematização e considerando as condições objetivas da execução da pesquisa, são elaboradas as indicações metodológicas que se referem ao *como* desenvolver a pesquisa, dando destaque nessas indicações: à perspectiva teórico-metodológica da pesquisa; aos pressupostos ou, se for o caso, às hipóteses diretrizes que norteiam a investigação; e, por fim, a alguns procedimentos operativos e instrumentos técnico-científicos que abrangem momentos fundamentalmente teóricos, com ênfase na revisão de literatura, e momentos essencialmente empíricos, com ênfase na chamada pesquisa de campo, a qual priorizamos denominá-la *investigação na realidade concreta em movimento*.

Na indicação dos procedimentos operativos, têm destaque os instrumentos técnico-científicos próprios para coleta e para análise das informações pertinentes ao objeto de pesquisa. Esses instrumentos são elaborados de acordo com as diretrizes, os procedimentos e a organicidade, com a perspectiva teórico-metodológica assumida pelo pesquisador e da qual são componentes constitutivos, conforme dito inicialmente. Exemplificando, de acordo com o projeto de referência, destacamos como processo metodológico alguns momentos fundamentais que possibilitarão a apreensão do objeto como totalidade, distinguindo os diferentes níveis de complexidade de suas diversas dimensões e buscando seus determinantes e determinações que o configuram historicamente. São eles: (a) o levantamento de acervo bibliográfico pertinente às categorias analíticas anteriormente especificadas; (b) estudos sistemáticos dessas categorias, numa efetiva articulação com os processos concretos ou determinações constitutivas do objeto de estudo; (c) levantamento de estudos já realizados sobre lutas sociais e organização política das classes subalternas e sua relação com o Serviço Social; (d) reconstrução das referências histórico-conceituais, evidenciadas nos objetivos específicos; (e) levantamento, caracterização e análise das instituições de organização política das classes subalternas que permanecem na resistência contra o capital; (f) mapeamento, caracterização e análise dos desafios no contexto da crise contemporânea do capitalismo e as formas de enfrentamento da questão social pelas classes subalternas, pelo Estado e pelas instituições de organização dos assistentes sociais, em particular; (g) identificação, caracterização e análise de mediações e vínculos efetivos do Serviço Social com as instituições de organização da classe trabalhadora; (h) sistematização e exposição dos resultados da pesquisa através de: relatórios parciais e finais; monografias de conclusão de curso; dissertação de mestrado e tese de doutorado; realização de seminários com apresentação de produções parciais e relatório final; elaboração de capítulos de livro, de artigos e comunicações em eventos científicos.

Entre os instrumentos técnico-científicos, incluem-se também: entrevistas estruturadas e semiestruturadas, história de vida, história oral e observação direta e sistemática.

Quanto às fontes dos dados da pesquisa empírica, essas abrangem: (a) fontes primárias documentais sobre diversas formas de organização da classe trabalhadora; e outras fontes primárias originárias de informações obtidas, diretamente, com trabalhadores e outros informantes; (b) fontes secundárias caracterizadas por estudos já realizados e sistematizados sobre a temática; (c) consultas via internet para coleta de dados primários e secundários.

O orçamento, apontado como elemento da estrutura do projeto, registra os custos da pesquisa e sua inclusão depende das exigências de órgãos de fomento, se for o caso.

O cronograma define o período de realização da pesquisa, e as referências bibliográficas registram os livros, os documentos e os autores citados na elaboração do projeto.

Posto isso, reiteramos a importância do projeto de pesquisa como referência primeira dentre os instrumentos indispensáveis da pesquisa. O projeto de pesquisa e os demais instrumentos técnico-científicos, como processo intelectual, constituem produtos históricos.

Reafirmamos que todo o trabalho teórico-metodológico de investigação e produção de conhecimento dos objetos históricos, na direção do desenvolvimento humano unificado, supõe a relação dialética objetividade e subjetividade revelada no subjetivo-universal na base do desenvolvimento científico da humanidade. Sob esse ponto de vista, qualquer processo de pesquisa, desde a elaboração do projeto, sua implementação, sistematização até a divulgação dos resultados, reflete a consciência crítica dos sujeitos responsáveis pela pesquisa em relação ao rigor teórico-metodológico e aos valores éticos que lhes são inerentes.

Desse modo, a ética como um componente estruturante, ineliminável, da produção do conhecimento dos objetos históricos é inerente à necessidade da unificação histórica como devir, que só pode ocorrer:

> [...] com o desaparecimento das contradições internas que dilaceram a sociedade humana, contradições que são a condição da formação dos grupos e do nascimento das ideologias não universal-concretas, mas que envelhecem imediatamente, por causa da origem prática da sua substância. Há, portanto, uma luta pela objetividade (para libertar-se das ideologias parciais e falazes) e esta luta é a própria luta pela unificação cultural do gênero humano (Gramsci, 1999, CC 11, § 17, p. 134).

Todavia, dadas a complexidade e a diversidade de perspectivas teóricas e metodológicas na produção do conhecimento, além do avanço do conhecimento científico e tecnológico com implicações na vida humana, a questão da ética se recoloca como necessidade à garantia de sua observância em todas as pesquisas que envolvam seres humanos e animais e tenham incidência no meio ambiente; e, assim, vem se constituindo objeto de debates e reflexões permanentes, tendo em vista o estabelecimento de padrões éticos e mecanismos de regulação.

Convém mencionar nesta obra destinada a pesquisadores iniciantes que na experiência de pesquisa no Brasil, em relação ao estabelecimento de padrões éticos e mecanismos de regulação de pesquisas que envolvam seres humanos, foram criados nos anos 1990 Comitês de Ética em Pesquisa (CEP) sob a coordenação da Comissão Nacional de Ética em Pesquisa (CONEP), compondo um sistema vinculado ao Conselho Nacional de Saúde (CNS) do Ministério da Saúde, com a finalidade de "proteção dos participantes de pesquisa do Brasil, de forma coordenada e descentralizada por meio de um processo de acreditação" (Conselho Nacional de Saúde, 2012). Apesar de relevante e necessária, essa regulação ética ainda se encontra impregnada da pseudossupremacia das Ciências da Natureza, destacadamente os fundamentos da ética e bioética principialista,[7] que não respondem aos procedimentos éticos e metodológicos inerentes às pesquisas das áreas representadas pelas Ciências Humanas, Sociais, Sociais Aplicadas e demais no campo das Humanidades, ao mesmo tempo que se impõem orientações genéricas de controle para todas as áreas de conhecimento, como obrigatoriedade para a pesquisa, a partir da submissão dos projetos de pesquisa a trâmites burocráticos estabelecidos nas instituições acadêmicas e nas demais produtoras de conhecimento.[8] No enfrentamento dessa questão, foi criado em Brasília, em

7. A bioética principialista tem como princípios a beneficência, a não maleficência, a autonomia e a justiça, e se consubstancia em "autores de diferentes perspectivas, criando um conjunto de princípios pouco articulados. A autonomia está baseada na deontologia de Immanuel Kant, no conceito de justiça, como equidade (John Rawls), e nos conceitos de beneficência e não maleficência (John Stuart Mill)" (FCHSSALLA, 2024, p. 7).

8. A Resolução CNS 466/2012 estabelece, dentre outras diretrizes, que "as instituições e/ou organizações nas quais se realizem pesquisas envolvendo seres humanos podem constituir um ou mais de um Comitê de Ética em Pesquisa — CEP, conforme suas necessidades e atendendo aos

11 de junho de 2013, o Fórum de Ciências Humanas, Sociais, Sociais Aplicadas, Linguística, Letras e Artes (FCHSSALLA), na defesa da ética em pesquisa e da construção de um modelo de avaliação ética específico para essas áreas. Esse Fórum produziu o documento *Diretrizes para a ética na pesquisa e a integridade científica*, elaborado pelo Grupo de Trabalho (GT) de Ética em Pesquisa do referido órgão, sob a coordenação de Frederico Garcia Fernandes (FCHSSALLA, 2024). A elaboração desse documento se fundamenta na análise de que, apesar de alguns avanços legais do Sistema CEP/CONEP, "continua sendo inadequado para a avaliação ética das pesquisas da grande área, uma vez que não considera as especificidades dos diversos campos do conhecimento nem seus desafios científicos, posição que encontra respaldo em vasta literatura" (FCHSSALLA, 2024, p. 9). Desse modo, as *Diretrizes para a ética na pesquisa e a integridade científica* objetivam "oferecer um instrumento para demarcar formas responsáveis de atuar, conduzir e gerir a pesquisa, de modo a contemplar a variedade de epistemes presentes nas Humanidades" (FCHSSALLA 2024, p. 10) e contemplam essencialmente três eixos: Princípios; Direitos dos sujeitos das pesquisas; e Compromissos das pessoas que desenvolvem pesquisas.

Reafirmamos nos estudos da pesquisa e da produção do conhecimento em Serviço Social, como um princípio fundamental, a relação orgânica entre ciência e ética inerente ao desenvolvimento da vida humana no movimento incessante da história.

---

critérios normativos; e na inexistência de um CEP na instituição proponente ou em caso de pesquisador sem vínculo institucional, caberá à CONEP a indicação de um CEP para proceder à análise da pesquisa dentre aqueles que apresentem melhores condições para monitorá-la". Cabe ao pesquisador responsável pela pesquisa: "a) apresentar o protocolo devidamente instruído ao CEP ou à CONEP, aguardando a decisão de aprovação ética, antes de iniciar a pesquisa; b) elaborar o Termo de Consentimento Livre e Esclarecido; c) desenvolver o projeto conforme delineado; d) elaborar e apresentar os relatórios parciais e final; e) apresentar dados solicitados pelo CEP ou pela CONEP a qualquer momento; f) manter os dados da pesquisa em arquivo, físico ou digital, sob sua guarda e responsabilidade, por um período de 5 anos após o término da pesquisa; g) encaminhar os resultados da pesquisa para publicação, com os devidos créditos aos pesquisadores associados e ao pessoal técnico integrante do projeto; e h) justificar fundamentadamente, perante o CEP ou a CONEP, interrupção do projeto ou a não publicação dos resultados" (Conselho Nacional de Saúde, 2012, n. p.).

Atividades Complementares

EXERCÍCIOS E TEXTOS DE APOIO

Leituras para aprofundamento

Para aprofundamento dos estudos sobre instrumentos técnico-científicos como produtos históricos do pensamento na relação com a realidade concreta, isto é, processos constitutivos de um corpo teórico que articula teoria e realidade através do método, sugerimos as seguintes leituras complementares:

a) NETTO, J. P. Introdução ao método na teoria social. *In:* CONSELHO FEDERAL DE SERVIÇO SOCIAL; ASSOCIAÇÃO BRASILEIRA DE ENSINO E PESQUISA EM SERVIÇO SOCIAL. *Serviço Social*: direitos sociais e competências profissionais. Brasília: CFESS/ABEPSS, 2009. p. 667-696. Esse texto trata de uma das questões centrais e mais polêmicas da teoria social, tanto nas formulações dos clássicos das ciências sociais e também nas ciências da natureza quanto no que tange à teoria social de Marx: a questão do método. A centralidade da discussão é dada ao método da teoria social de Marx e destaque, no texto, à pesquisa em Serviço Social.

b) GRAMSCI, A. *Cadernos do cárcere.* Rio de Janeiro: Civilização Brasileira, 1999. v. 1, CC 11, p. 114-190. Nesta referência, podemos encontrar uma importante síntese da análise de Gramsci sobre os instrumentos técnicos no âmbito da filosofia da práxis como metodologia histórica.

c) CARDOSO, F. G. *Serviço Social e organização política das classes subalternas:* as lutas sociais no enfrentamento da questão social na crise contemporânea do capitalismo. São Luís, 2021. Projeto de pesquisa (Apêndice). Trata-se de um projeto de pesquisa no âmbito das Ciências Sociais, que selecionamos como ilustração da reflexão sobre esse instrumento.

Para refletir em grupo

Com base no conteúdo do capítulo, desenvolver uma reflexão individual e o debate coletivo entre grupos de alunos e de profissionais em seus espaços de estudo, trabalho e de organização política.

a) Defina um tema de pesquisa.

b) Problematize o tema com base em referências teóricas e empíricas.

c) Elabore uma questão central e algumas complementares, delimitando o objeto de estudo.
d) Elabore objetivos compatíveis com as questões formuladas.
e) Com base na perspectiva teórico-metodológica adotada no projeto, elabore pressupostos ou hipóteses diretrizes, se preferir.
f) Indique instrumentos técnico-científicos compatíveis com a perspectiva teórico-metodológica do projeto apresentado.
g) Reflita sobre a ética como elemento estruturante da pesquisa, a função do sistema nacional de regulação CEP/CONEP e a necessidade de adequação desse sistema para a área das Humanidades.

Dicas culturais

FILMES

a) O JOGO da imitação. Direção: Morten Tyldum. Estados Unidos: Netflix, 2014. (115 min), son., color.
b) UMA MENTE brilhante. Direção: Ron Howard. Estados Unidos: Universal Pictures do Brasil, 2001. (135 min), son., color.
c) QUEM quer ser um milionário. Direção: Danny Boyle. Estados Unidos/ Reino Unido: Europa Filmes, 2008. (120 min), son., color.
d) PI. Direção: Darren Aronofsky. Estados Unidos, 1998. (85 min), son., color.

Capítulo 7

A pesquisa-ação como modalidade de conhecimento e intervenção na realidade: a enquete operária em destaque

Toda relação de 'hegemonia' é necessariamente uma relação pedagógica.

ANTONIO GRAMSCI

O destaque para a pesquisa-ação, neste livro, prende-se à importância dessa modalidade de pesquisa associada à intervenção na realidade, no processo de construção do projeto ético-político profissional do Serviço Social, desde os anos 1970, no Brasil. Podemos entendê-la como uma alternativa metodológica que se adéqua à necessidade de busca da *unidade de teoria e prática como um devir histórico* (Gramsci, 1999, CC 11, § 12, p. 104), que concebemos como eixo central do processo histórico desse novo projeto profissional.

O pressuposto é o de que a dicotomia entre teoria e prática, inerente ao processo de reificação das relações sociais capitalistas fundadas na exploração e na alienação do trabalho, encontra respaldo teórico no positivismo e no formalismo, correntes filosóficas e metodológicas influentes na constituição histórica do Serviço Social, as quais favorecem na dinâmica da prática profissional condutas impregnadas pelo pragmatismo e pelo tecnicismo. Essas condutas na trajetória profissional reforçam e reproduzem duplamente a separação entre o pensar e o agir, isto é, internamente na própria constituição histórica do Serviço Social como profissão e área de conhecimento e, externamente, através da intervenção nas relações sociais das quais é parte. E, assim, consubstanciam a função pedagógica que o Serviço Social exerce nas relações sociais demandada pelo sistema de controle dominante, ao qual, contraditoriamente, está vinculado desde a origem, e reforçam o conformismo subalternizante.

A crítica e a busca de superação da dicotomia entre teoria e prática no âmbito do projeto ético-político profissional, a partir dos anos 1970, na perspectiva de ruptura ao conservadorismo na profissão, são desafios permanentes, em que a pesquisa-ação se inscreve como alternativa metodológica, quando direcionada para a produção do conhecimento histórico-crítico associado à ação pedagógica emancipadora, orientada pelo marxismo. Assim, confronta-se com outras formas de interpretação e construção dessa modalidade de pesquisa alinhadas à perspectiva integradora e de controle a serviço da manutenção da ordem do capital.

Desse modo, embora constitua uma alternativa metodológica colocada em contraposição à pesquisa tradicional amparada no positivismo e no formalismo — orientações que se fundam na separação entre teoria e realidade, entre sujeito e objeto, assim como imprimem a burocratização dos processos de pesquisa e defendem a pseudoneutralidade —, a trajetória da pesquisa-ação na América Latina vem apresentando uma diversidade de tendências e denominações em diferentes campos de atuação e direções político-ideológicas.

Dentre as inúmeras denominações identificadas na bibliografia consultada (Brandão, 2006; Silva, 1986; Haguette, 2013; Thiollent, 2000, dentre outras referências), destacamos, além da pesquisa-ação, muitas outras terminologias, como: investigação-ação, pesquisa participante, pesquisa participativa, investigação participativa, observação participante, investigação participante, investigação militante etc. Não existe um consenso sobre essa diversidade terminológica, sobretudo em relação à proximidade e à distinção entre elas, notadamente entre pesquisa-ação e pesquisa participante, como as principais na experiência na América Latina. Entendemos que essas denominações expressam múltiplas variantes de pesquisa social que, de alguma forma, podem se aproximar em três aspectos: no cunho educativo da relação entre pesquisador e sujeitos da situação pesquisada; no propósito de politização e conscientização dos sujeitos implicados na situação investigada que supõe em qualquer modalidade a participação desses sujeitos no processo de conhecimento, e em muitos casos, envolve ações imediatas sobre a própria realidade; e na contraposição à pesquisa convencional positivista ou formalista.

Há uma tendência de tratar a pesquisa-ação e a pesquisa participante como sinônimos, com a qual Thiollent (2000, p. 7) discorda, ao considerar que "[...] a pesquisa-ação, além da participação, supõe uma forma de ação planejada de caráter social, educacional, técnico ou outro, que nem sempre se encontra em propostas de pesquisa participante". Brandão (2006) parece encampar nas terminologias *pesquisa participante* e *participação da pesquisa* modalidades de pesquisa que envolvem a partilha solidária do saber na relação educativa entre os sujeitos envolvidos no processo de conhecimento direcionado para a transformação das situações pesquisadas.

Diante dessa diversidade de entendimentos, neste texto, adotamos a terminologia pesquisa-ação a partir da configuração predominante construída na América Latina, ou seja, concebida como uma modalidade de pesquisa associada à ação pedagógica emancipadora dos subalternos fundada no marxismo, e contempla variadas formas de participação dos sujeitos implicados na experiência (pesquisadores externos e grupos atingidos pela situação pesquisada).

Na trajetória na América Latina, a pesquisa-ação se inscreve para além do campo das lutas populares emancipatórias, vinculação que marcou sua origem nesse contexto, na medida em que se configura/reconfigura a partir de adequações a demandas políticas, institucionais e burocráticas, nem sempre nessa direção.

Desse modo, coloca-se a importância de marcarmos a orientação político-conceitual adotada nesta abordagem, que parte, reiteramos, da concepção da pesquisa-ação como modalidade de pesquisa associada à ação pedagógica vinculada à necessidade histórica da emancipação dos subalternos. Nesta abordagem, no esforço de contextualização da pesquisa-ação em Serviço Social, situaremos expressões concretas dessa modalidade de pesquisa na experiência profissional, para fins didático-pedagógicos na apresentação do conteúdo.

Que experiências de pesquisa-ação em Serviço Social podem ser ilustrativas desta contextualização?

Diante da escassa bibliografia sobre a pesquisa-ação em Serviço Social, procuramos abstrair contribuições a partir de experiências identificadas na bibliografia específica e das próprias experiências das autoras, documentadas e ainda nos registros de memória. Inicialmente, consideramos três experiências que se aproximam pela perspectiva crítica à modernização conservadora no processo de renovação profissional impulsionado pelo Movimento de Reconceituação do Serviço Social na América Latina, com destaque para dois aspectos: o assumir da função política da profissão nas relações sociais confrontada com forças conservadoras dentro e fora do meio profissional; e pela aproximação ao marxismo como orientação teórico-metodológica.

A primeira experiência é o conhecido *Método BH*, desenvolvido no período de 1970 a 1975 (Santos, 1982). Podemos considerar o embrião da pesquisa-ação em Serviço Social, na medida em que, mesmo sem explicitar essa terminologia, aporta uma contribuição metodológica nessa direção. A proposta do *Método BH* busca fundamento na relação *teoria e prática*, na perspectiva de superação da dicotomia entre os dois polos dessa relação.

Assim, nesta reflexão, nos deteremos nas informações sobre a concretização da proposta interventiva e investigativa mediada por uma experiência de estágio curricular desencadeada no âmbito da Escola de Serviço Social da Pontifícia Universidade Católica de Minas Gerais, em nove bairros da cidade de Itabira (MG), selecionados pela concentração operária como fator potencial de irradiação do trabalho e existência de grupos representativos com o mínimo de organização. Os nove bairros foram ainda subdivididos considerando a população ligada ou não à Companhia Vale do Rio Doce, aspecto que foi visto como agregador de diferenças nas condições urbanísticas das comunidades e nos valores morais e condutas dos moradores. Essa experiência resulta da articulação entre o curso de Serviço Social da PUC-Minas, a Legião Brasileira de Assistência (LBA) e o Conselho Central Itabirano de Obras Sociais (Conscios), este como uma instituição da comunidade.

É importante ressaltar que o *Método BH* não se reduz a essa experiência, ela integra uma proposta global de ruptura com o tradicionalismo em todas as dimensões da profissão (Netto, 1991), construída a partir da formação profissional e considerada a primeira referência da orientação teórico-metodológica marxista no Serviço Social brasileiro. Tal proposta desenvolve um legado significativo na construção da intenção de ruptura, no movimento de renovação profissional nos anos 1970 (Netto, 1991), em que pesem seus equívocos teóricos e metodológicos ainda impregnados pelo positivismo, marcadamente na visão linear da relação entre teoria e prática. Essa visão linear entre teoria e prática, consequentemente, enviesa a produção do conhecimento como um movimento contínuo na dinâmica da prática interventiva, como evidenciam a crítica de Paulo Netto (1991) e autocrítica de Santos (1982), com as quais concordamos.

Essa experiência teve pouca difusão no meio profissional em sua curta duração (cinco anos), foi encerrada em meio a uma crise institucional nas contradições do sistema de controle e repressão da ditadura militar (1964-1985), que levou à demissão da equipe docente responsável por sua formulação e implementação. Entretanto, é importante registrar a grande repercussão dessa experiência no desencadeamento da revisão curricular, cuja culminância foi a elaboração do currículo mínimo 1979-1982, já mencionado neste livro. Revisão essa que teve como elemento de impulso a apresentação do *Método BH*, na XVIII Convenção da então ABESS, em 1973, em São Luís (MA).

Desde a década de 1970, a experiência de pesquisa-ação no Serviço Social tem sido um longo caminho, de avanços e recuos, caraterizado, inicialmente, pelas tentativas consubstanciadas em projetos acadêmicos de pesquisa e extensão, assim como, em menor expressão, em espaços institucionais constitutivos do mercado de trabalho de assistentes sociais. Nesses projetos, a educação popular constitui eixo estratégico, sustentada, principalmente, nas referências pedagógicas de Paulo Freire e de Gramsci, como se evidencia nas experiências em diferentes áreas. Em que pese a aproximação dessas fontes no que diz respeito à importância da formação da consciência crítica e da participação ativa dos sujeitos envolvidos no processo educativo, distinguem-se substantivamente nas bases teórico-metodológicas.[1]

Além da experiência do *Método BH*, ainda nos anos 1970, dois outros trabalhos nos parecem exemplares, pela tentativa de construção de alternativas metodológicas alinhadas à crítica da tendência modernizadora do processo de renovação profissional (Netto, 1991) no país, impulsionado pelo amplo movimento de Reconceituação do Serviço Social na América Latina; essa tendência atrela-se ao projeto desenvolvimentista da modernização conservadora da ditadura militar (1964-1985). São os seguintes trabalhos: o projeto de pesquisa e extensão intitulado *Trabalho junto ao pescador artesanal da Ilha de São Luís/MA"* (Cardoso, 1979), implementado no período 1979-1983; e o projeto de trabalho social, publicado com o título *Repensando o trabalho social: a relação entre Estado, instituição e população* (Abramides; Mazzeo; Fingermann, 1980), construído junto a segmentos da população do estado de São Paulo, atingida pelo programa dos conjuntos habitacionais do Instituto de Orientação às Cooperativas Habitacionais de São Paulo (Inocoop-SP), no período de 1977-1979.

A experiência de pesquisa e extensão *Trabalho junto ao pescador artesanal da Ilha de São Luís/MA* foi elaborada e implementada a partir do Deses/UFMA,[2] com duas perspectivas básicas: uma concernente à produção de conhecimento sobre as relações sociais na produção pesqueira artesanal na Ilha de São Luís, mediante uma abordagem estrutural da sociedade como totalidade histórica, em que tem centralidade a categoria trabalho no movimento da práxis, e base da luta de classes; e a outra perspectiva alusiva à mobilização e à organização do pescador artesanal das áreas/comunidades pesquisadas (Raposa, Paço do Lumiar, Mocajituba, Ribamar), a partir da

1. Sobre a influência de Paulo Freire e Gramsci nas experiências de educação popular, ver a análise de Farage (2022).

2. Projeto coordenado pela professora Franci Gomes Cardoso, coautora desta obra.

condição de trabalhador, ameaçada de expropriação pela proposta de industrialização da pesca integrada ao Programa Grande Carajás, em implantação naquele período no estado do Maranhão. Essa proposta se configura com base na metodologia de pesquisa-ação ligada às necessidades do processo de revisão da formação profissional a partir do novo currículo mínimo do curso de Serviço Social (1979-1982) e da construção de estratégias interventivas emancipatórias. Foi interrompida abruptamente, em 1983, por força do autoritarismo na UFMA na gestão do reitor José Maria Cabral Marques (1979-1988), a partir de denúncias de setores empresariais e da burocracia estatal, incomodados com a repercussão do trabalho educativo na organização e na luta dos pescadores por seus direitos.

O trabalho social junto ao Inocoop-SP apresenta-se como intervenção profissional crítica nas contradições entre Estado, instituição privada intermediária da política habitacional e os interesses da população alvo da referida política social. A experiência articula a produção do conhecimento ao processo interventivo com a participação dos sujeitos implicados no projeto, a partir de uma posição político-ideológica da equipe em defesa dos direitos desses sujeitos, em meio aos conflitos gerados pela prevalência do sistema financeiro centrado no lucro na condução dessa política. Portanto, trata-se de uma experiência vinculada à busca de superação do viés funcionalista no Serviço Social mediante aprofundamento da discussão sobre a relação entre teoria e prática social. A equipe foi demitida ao assumir politicamente a defesa dos interesses da população e a discussão crítica com ela sobre as contradições e os conflitos contidos no sistema financeiro de habitação.

Assim, nas três experiências mencionadas, a ingerência de interesses políticos contrários às propostas de produção coletiva de conhecimento histórico-crítico, com a participação dos sujeitos implicados na situação objeto da intervenção e em função dos interesses desses sujeitos, inviabilizou a continuidade dessas propostas em um contexto caracterizado pela truculência do controle e da repressão da ditadura militar (1964-1985), com forte incidência nas instituições universitárias, consideradas pela retórica ideológica dominante espaços de difusão do comunismo; assim como em instituições constitutivas do mercado de trabalho profissional imbricadas diretamente nas mediações do sistema de controle dominante.

Entretanto, contraditoriamente, nesse mesmo contexto, a mobilização e a resistência da classe trabalhadora e de outros setores progressistas da sociedade, na luta contra a ditadura e pela democratização do país, gestam condições favoráveis que impulsionam a proliferação de novas experiências de pesquisa-ação em diferentes áreas. Essas experiências refletem a influência dos processos concretos de luta popular e de cunho revolucionário na América Latina com destaque, como dito, para a vitória da Revolução Cubana, em 1959, que aponta para a construção de alternativa societária ao capitalismo no continente, além da autocrítica das Ciências Sociais em relação ao colonialismo intelectual estadunidense, que estão na base do movimento de Reconceituação do Serviço Social na América Latina. Como mencionado em outros momentos deste livro, tais processos demarcam um amplo campo de influência político-ideológica no Serviço Social, em que teve grande peso a Teologia da Libertação, caracterizada pela articulação entre cristianismo e marxismo (Löwy, 1991) como estratégia no enfrentamento das desigualdades sociais, em que se sobressai a Ação Social da Igreja Católica, em especial, as comunidades eclesiais de base. Na particularidade do Brasil, acrescentamos a eclosão do movimento operário com as grandes greves no ABC paulista, em 1978, e a reestruturação da organização sindical a partir da perspectiva classista e anticapitalista, dando corpo ao movimento que se denominou *novo sindicalismo*; assim como a criação de importantes instituições de organização política da classe trabalhadora, dentre elas: o Partido dos Trabalhadores (PT), o Movimento dos Trabalhadores Rurais sem Terra (MST) e a Central Única dos Trabalhadores (CUT), no início dos anos 1980.

Nessa efervescência, é notória a receptividade do Serviço Social brasileiro ao protagonismo do Centro Latinoamericano de Trabajo Social (CELATS), braço acadêmico da então Asociación Latinoamericana de Escuelas de Trabajo Social (ALAETS), hoje Asociación Latinoamericana de Enseñanza e Investigación en Trabajo Social (ALAEITS), na difusão da pesquisa e produção de conhecimento e da pesquisa-ação no continente, com forte penetração no Brasil. O CELATS pode ser considerado uma forte referência acadêmico-política e intelectual na construção do processo de renovação profissional no país na perspectiva de ruptura, em que a revista *Acción Crítica* teve papel fundamental nessa construção.

As experiências de pesquisa-ação no Serviço Social proliferaram-se nos anos 1980 e início dos anos 1990, em diferentes modalidades e vinculações institucionais, em que se inserem trabalhos que articulam projetos de pesquisa e extensão com programas sociais institucionais estatais, e outros que articulam pesquisa e extensão com projetos de organizações populares. Aqui situamos duas experiências desenvolvidas a partir do Deses/UFMA que retratam essas possibilidades.

A experiência intitulada *A política nacional de erradicação de submoradias junto à população palafitada de São Luís: uma proposta de pesquisa-ação — 1981/1982* (Silva; Souza, 1984) é fruto da articulação entre uma proposta de pesquisa e extensão do Departamento do Serviço Social da UFMA e o Programa de Erradicação dos Aglomerados de Sub-habitações (Promorar). Esse programa deriva de um protocolo de intenções entre Ministério do Interior, governo do estado do Maranhão e prefeitura municipal de São Luís, cujo cumprimento esteve a cargo de um Grupo Executivo Estadual constituído de representantes de diversos órgãos estatais de âmbito municipal, estadual e federal, dentre eles: a UFMA e a Universidade Estadual do Maranhão (UEMA). O projeto de pesquisa-ação se definiu a partir da participação do Departamento de Serviço Social na implementação do Promorar, através do cadastramento censitário da população de dois núcleos de palafitas selecionados por esse Programa (São Francisco e Camboa/Liberdade), com o propósito de "[...] romper com a função burocrática que a atividade de cadastramento tem assumido, enquanto tarefa de rotina, para a implantação do Promorar em todo o país" (Silva; Souza, 1984, p. 16), e, assim, transformá-lo em instrumento de luta da população atingida.

A outra experiência a destacar se refere ao projeto de pesquisa e extensão intitulado *Relações pedagógicas no movimento de defesa dos direitos da criança e do adolescente em São Luís/MA:1991/1995*[3] (Abreu, 1995), vinculado ao Deses/UFMA, que se articula com organizações populares lideradas pela Casa de João e Maria, com o Movimento Nacional de Meninos e Meninas de Rua (MNMMR) e com o Fórum de Defesa dos Direitos da Criança e do Adolescente de São Luís (MA). A equipe de pesquisadoras integrou-se à ação

3. Projeto coordenado pela professora Marina Maciel Abreu, coautora desta obra.

educativa (educação na rua junto a crianças e adolescentes, através do projeto *Estrela da rua*) e junto ao Fórum de Defesa dos Direitos da Criança e do Adolescente, centrada no debate político sobre o recém-aprovado Estatuto da Criança e do Adolescente (ECA) e no fortalecimento das organizações populares envolvidas nos encaminhamentos legais e políticos da participação popular nos conselhos de direitos e conselhos tutelares. Essa articulação institucional ensejou a imersão da equipe de pesquisadoras na realidade de vida de crianças e adolescentes em suas experiências na rua, assim como no acompanhamento da luta de organizações populares em defesa dessa causa, ao mesmo tempo que viabilizou a participação direta dessa equipe na construção e na implementação da ação educativa.

Entretanto, desde os anos 1990, as experiências de pesquisa-ação perdem espaço no debate acadêmico-profissional, embora os avanços constitucionais de 1988 apontassem para o aprofundamento da luta pela garantia e pela ampliação de direitos no contexto de importantes conquistas democratizantes no país, que pareciam abrir espaço para o avanço das lutas sociais emancipatórias. Contudo, a ofensiva neoliberal intensificada a partir de meados dos anos 1990, com a ampla reforma do Estado e a chamada flexibilização econômica, incide fortemente na fragmentação da classe trabalhadora e no enfraquecimento de seus processos de luta e organização, e enseja refluxo de suas estratégias político-formativas, dentre elas, a educação popular e a pesquisa-ação. Assim, podemos entender não só em relação ao Serviço Social, mas também nas Ciências Sociais em geral e na luta social popular a pouca difusão da pesquisa-ação nesse contexto, como assinalam Brandão e Streck (2006),[4] ainda que uma vasta bibliografia já seja visível sobre a temática em suas múltiplas variantes.

Nesse escopo, dando sequência a esta abordagem da pesquisa-ação, destacamos a seguir dois recortes organicamente relacionados: o primeiro recorte refere-se à busca de fundamentos histórico-conceituais dessa modalidade de pesquisa, em que ganha destaque a *enquete operária* (Marx, 1987)

4. Brandão e Streck (2006) adotam a terminologia pesquisa participante, cujo conteúdo entendemos não contradita com a linha analítica que adotamos neste trabalho com a terminologia pesquisa-ação.

como uma fonte fecunda e inspiradora da concepção da pesquisa-ação na luta emancipatória dos trabalhadores; o segundo recorte privilegia a dialética e o instrumental da pesquisa-ação que se desdobra em relação às especificidades dos processos atinentes à dimensão investigativa e à dimensão interventiva, nas quais se imbrica a educação popular como eixo estratégico.

Qual a contribuição da enquete operária de Marx (questionário de 1880)[5] para pensar a pesquisa-ação na atualidade?

A *enquete operária*, com base no *questionário elaborado por Marx, em 1880*, é uma iniciativa de *La Revue Socialiste*, na França. Coube a Marx elaborar o questionário, como um instrumento direcionado para o conhecimento da realidade de vida e trabalho da classe operária, ao mesmo tempo, elemento estimulador do autoconhecimento, da conscientização, da organização e da luta dessa classe por seus interesses emancipatórios. Desse modo, a estrutura e o conteúdo das perguntas do questionário, assim como a dinâmica da pesquisa pautada na reflexão individual e coletiva, pretendiam o alcance desses dois propósitos.

Importante ressaltar que a *enquete operária* promovida por *La Revue Socialiste*, conduzida por Marx, aqui nominada como *enquete operária de Marx*, inscreve-se em um contexto histórico em que grupos socialistas se apropriam dessa ideia, como reação às enquetes operárias feitas a pedido de governos e representantes da classe dominante, interessados em entender a *questão operária* e propor formas de controle.

Na apresentação do questionário, Marx chama atenção para a realidade de exploração e dominação político-ideológica da classe trabalhadora e para o fato de que "Nenhum governo (monárquico ou republicano-burguês) ousou fazer uma investigação séria a respeito da situação da classe operária na França" (Marx, 1987, p. 249). Acrescenta, ainda, acreditar que a iniciativa dos

5. O *questionário de 1880* de Marx está publicado na íntegra em Thiollent (1987). Na abordagem sintética desse documento, recorremos às análises de Thiollent (1987), na interlocução que estabelece com outras análises, sobretudo, a desenvolvida por Lanzardo (1987) publicada na íntegra em Thiollent (1987).

socialistas através de *La Revue Socialiste*, com seus parcos recursos disponíveis, possa, talvez, "animar o governo republicano da França a seguir o exemplo do governo monárquico inglês" (Marx, 1987, p. 249). Para o sucesso dessa iniciativa, menciona a confiança de contar:

> [...] com a ajuda de todos os operários da cidade e do campo, conscientes de que apenas eles podem descrever, com todo conhecimento de causa, os males que suportam, e de que só eles, e não os salvadores providenciais, podem energicamente remediar as misérias sociais que sofrem (Marx, 1987, p. 249).

Embora a proposta dessa *enquete operária* pretendesse, com base no conhecimento da realidade pesquisada, elaborar e publicar livros que aprofundassem o conhecimento sobre a situação da classe operária, esse objetivo não foi alcançado devido ao desaparecimento de *La Revue Socialiste* por diversas dificuldades, em 1881.[6] Entretanto, é importante ressaltar que, independentemente da proposta da *enquete operária*:

> [...] a obra de K. Marx e F. Engels representou um constante esforço de associar a teorização do modo de produção capitalista com a elaboração de um conhecimento da situação concreta da classe operária. Estes dois aspectos remetem a um duplo trabalho crítico: crítica do conhecimento teórico disponível (no caso, principalmente a economia política e a filosofia clássicas) e levantamento crítico da informação social sobre a classe operária disponível nos meios oficiais (parlamento, comissões de higiene, etc.). Ambas as críticas são animadas do mesmo ponto de vista de classe e pressupõem o descompromisso com as autoridades (Thiollent, 1987, p. 103).

São exemplares as obras *A situação da classe trabalhadora na Inglaterra* (1845), de F. Engels, e o Livro Primeiro de *O capital* (1867), de K. Marx, que traduzem profundo conhecimento das condições de vida e trabalho da classe trabalhadora. Engels parte de uma imersão na vida da classe trabalhadora, cujo

---

6. Dos 25 mil questionários distribuídos, somente retornaram um quantitativo em torno de 100 preenchidos. A enquete não foi concluída, mas sua importância se revela na possibilidade de acesso pelos proletários de um instrumento técnico-científico de pesquisa direcionado para o autoconhecimento da exploração capitalista.

convívio permitiu contato direto com sujeitos implicados na situação pesquisada, além da ruptura com o conhecimento burguês, o que não impediu a análise crítica das informações oficiais. Marx, na obra mencionada, articula o conhecimento teórico com um conjunto de informações empíricas em uma análise minuciosa das condições de trabalho, de remuneração e das diferenciações da classe trabalhadora no contexto das relações de exploração e dominação do capital sobre o trabalho.

Sem dúvidas, o acúmulo teórico marxiano sobre a relação capital *versus* trabalho orienta a elaboração do *questionário de 1880*. Nessa ótica, segundo Thiollent (1987, p. 105), com base na interpretação de Lanzardo (1987), o *questionário de 1880* "[...] é uma aplicação direta, sob forma interrogativa, de vários componentes teóricos expostos nas principais obras de Karl Marx".

O *questionário de 1880* é composto de 101 perguntas, articuladas em eixos temáticos organicamente relacionados, estruturantes de um todo complexo das dimensões de exploração e dominação capitalistas. Sinteticamente, desdobraremos cada eixo temático, cotejando as análises de Thiollent (1987) e Lanzardo (1987).

O primeiro eixo temático centra-se na fábrica como local de trabalho, embora enfatize uma descrição estática, favorece, como acentua Lanzardo (1987, p. 238), a compreensão, em toda sua complexidade, do "[...] mecanismo real da exploração direta e a relação imediata que liga esta exploração ao trabalho pessoal de cada um". Abarca "[...] três principais grupos de perguntas que se baseiam na composição da força de trabalho, na estrutura da fábrica do ponto de vista técnico (divisão do trabalho, grau de mecanização, etc.) e nas condições de trabalho" (Lanzardo, 1987, p. 238).

O segundo eixo acentua a descrição da exploração e as formas de domínio a partir da relação entre força de trabalho e tempo de trabalho, com perguntas sobre "[...] a quantidade de força de trabalho empregada durante um certo lapso de tempo no processo de produção, da duração da jornada de trabalho, do trabalho noturno, dos turnos, dos regulamentos e das multas" (Lanzardo, 1987, p. 238). A intenção é desmistificar o trabalho assalariado, em que o valor e o preço do trabalho se metamorfoseiam no salário que tende a esconder a expropriação pelo capitalista da liberdade e do tempo do trabalhador, enquanto ilusões cultivadas pelos trabalhadores na relação salarial, contraditoriamente, são manifestadas no seu oposto.

O terceiro eixo adensa a descrição da exploração através da visão do operário sobre "[...] todas as relações sociais nas quais ele está implicado enquanto proletário, na fábrica e na sociedade" (Lanzardo, 1987, p. 239). Engloba quatro desdobramentos que tratam: da regulamentação da venda da força de trabalho, isto é, da relação jurídica que liga o trabalhador ao patrão; do salário mediante detalhamento das formas de pagamento do trabalho que remete às formas de medição do trabalho, em que o salário por tarefa revela-se mais favorável à exploração; do salário e do custo da reprodução, em que o trabalhador descreve a disparidade entre o valor pago por seu trabalho, que não corresponde ao valor real, e o preço dos objetos que são necessários à sua própria reprodução e estabelece comparação com a riqueza do patrão; da relação entre a exploração e o desenvolvimento tecnológico, com ênfase na maneira como o capitalista se serve das máquinas e do progresso técnico para aprofundar a exploração como imperativo, em face da tendência concorrencial de redução dos preços dos produtos e do aumento da produtividade.

O quarto eixo enfoca a forma como operários se opõem à exploração, com perguntas que privilegiam a organização da classe no enfrentamento do capitalismo organizado. Esse grupo de perguntas, como analisa Lanzardo (1987), significa para Marx espaço que pode suscitar novas possibilidades de organização da luta, numa perspectiva da classe. "O essencial é fazer compreender que esta possibilidade não apenas existe, como também é mais eficaz e que a união de todos os proletários é capaz de vencer os capitalistas já unidos e organizados pela própria produção e o poder político do Estado" (Lanzardo, 1987, p. 243).

Diante destas breves indicações sobre a *enquete operária* conduzida por Marx, aqui entendida como instrumento técnico-científico e político-ideológico de grande peso para pensar a pesquisa-ação, na medida em que o seu conteúdo e dinâmica aportam elementos de um processo de conhecimento sobre a realidade da classe trabalhadora, que envolve a participação individual e coletiva dos sujeitos, como estratégia de autoconhecimento e de fortalecimento da organização e luta dessa classe contra a exploração capitalista.

Concordamos com Thiollent (1987) quando destaca que não se trata de considerar o *questionário de 1880* elaborado por Marx perfeito e aplicável como tal em qualquer circunstância ou época, mas, o que esse instrumento representa como concepção de um novo tipo de pesquisa em contraposição à pesquisa convencional. A sua formulação traduz um exercício complexo de construção de um instrumental técnico-científico de investigação fundado na elaboração teórica sobre a realidade a ser pesquisada numa determinada direção política, com uma estrutura, conteúdo e dinâmica essencialmente pedagógicos, com o claro propósito de favorecer o autoconhecimento, a conscientização, a mobilização e a organização, e a luta da classe trabalhadora por seus interesses emancipatórios. Assim, podemos extrair dessa experiência elementos que subsidiam a construção do processo de pesquisa-ação, em condições históricas determinadas, que envolve a produção de conhecimento com rigor teórico-metodológico, articulada à ação essencialmente pedagógica emancipadora. A *enquete operária*, sem dúvida, como dito, é uma referência fecunda e inspiradora da concepção da pesquisa-ação na luta emancipatória dos trabalhadores.

Qual a particularidade da dimensão investigativa na relação dialética com a intervenção/ação educativa?

Sobre a particularidade da dimensão investigativa na relação dialética com intervenção/ação educativa, destacaremos quatro elementos relevantes.

Um primeiro elemento é a *questão do objeto da pesquisa e da intervenção*, ou seja, do recorte temático abstraído na dinâmica da intervenção a partir de uma perspectiva teórica, em um movimento dialético entre teoria e realidade, que se expressa como um conjunto de relações temáticas, ainda que o ponto de partida sejam as manifestações concretas. Nesse movimento, conjugam-se formas de questionamento e de descoberta, no processo de aproximação sistemática entre o pensamento e a realidade concreta, como já tratado em capítulos anteriores deste livro.

Na pesquisa-ação, esse processo de demarcação do objeto ocorre de múltiplas formas, orientado, reafirmamos, por uma base teórica de explicação da realidade e condicionado pela própria realidade atravessada pelas mediações sociais, histórico-políticas e institucionais da experiência. A realidade concreta que interessa investigar se expressa nas situações vivenciadas por diferentes segmentos da classe trabalhadora em suas inserções nas relações sociais e vinculações socioinstitucionais, pelas quais se materializa a experiência de pesquisa-ação. As mediações institucionais são diversas, a título de exemplo, mencionamos: uma associação de moradores, uma escola, um movimento social popular, uma organização não governamental, uma instituição implementadora de políticas sociais, dentre outras. Nesse processo, a demarcação do objeto se expressa em recortes temáticos mais ou menos abrangentes do complexo de mediações constitutivos dessa situação, pelos quais a realidade concreta se converte em objeto de conhecimento e intervenção.

Assim, a demarcação e a problematização da realidade concreta como concreto pensado, ou seja, como conjunto de relações temáticas, isto é, objeto de pesquisa e da intervenção, são recortadas no âmbito das determinações da situação pesquisada e podem se expressar como uma questão emergencial posta pelos sujeitos implicados na situação que requer intervenção imediata ou em médio e longo prazos.

Esse processo pode ser também instigado pela descoberta de *temas geradores* em conformidade à pedagogia de Paulo Freire, a partir dos quais é organizado o processo de investigação das contradições da realidade vivenciada numa dinâmica de produção e troca de saberes. Segundo Freire (2021), os *temas geradores* da investigação se distinguem das *palavras geradoras* do processo de alfabetização de adultos criado por esse autor, centrado numa relação dialógica entre educador/educando, na dinâmica da prática educativa. Os *temas geradores*, como acentua Freire (2021), possuem um alto nível de complexidade e resultam de um processo de aproximação entre o abstrato e o concreto, como elementos orientadores da investigação num movimento de descoberta e confronto com o pensamento dominante. Essa orientação é largamente utilizada em experiências de pesquisa-ação, na demarcação de objetos de pesquisa sistemática na dinâmica metodológica da dimensão investigativa, associadas a processos participativos imbricados na estratégia de educação popular.

O segundo elemento refere-se à necessidade de *elaboração de um projeto ou vários projetos específicos de pesquisa*, seguindo os padrões e rigor metodológico, com o envolvimento da participação de diferentes segmentos do grupo implicado na situação. Por exemplo, a pesquisa-ação sobre o pescador artesanal na Ilha de São Luís partiu da problematização das relações sociais na produção pesqueira artesanal naquele contexto e desdobrou-se em vários subprojetos sobre recortes dessas relações, tais como: produção e comercialização na pesca artesanal; relações de poder na pesca artesanal; organização política e a questão político-partidária; formação da consciência etc. Cada recorte ensejou um subprojeto específico de pesquisa, cujos resultados dão conta de totalidades em menores níveis de complexidade que se articulam para o conhecimento mais amplo do objeto da pesquisa como totalidade de maior complexidade.

O terceiro elemento que nos interessa destacar é *a participação dos sujeitos implicados na situação investigada*, assim como a participação *dos pesquisadores externos mediante imersão no cotidiano desses sujeitos*.[7] São modalidades não excludentes. Sendo a participação nas experiências de pesquisa-ação considerada um tema polêmico,[8] destacaremos aqui algumas indicações a partir da bibliografia pesquisada e, sobretudo, com base nas experiências vivenciadas pelas autoras.

Como ocorrem essas formas de participação?

São inúmeras as possibilidades. Quanto à participação dos sujeitos implicados na situação no processo da pesquisa, destacamos duas modalidades da participação, dentre tantas outras, que atravessam todo o processo: como respondentes de questionários ou outros instrumentos, numa relação pedagógica de reflexão individual e coletiva; ou como sujeitos que vivem a situação pesquisada e se envolvem no processo de levantamento e discussão de dados, como são exemplares os grupos de autoinvestigação, os grupos de base e outras expressões, que supõem uma sistemática traçada

7. No caso da imersão dos pesquisadores na realidade pesquisada, essa modalidade de participação pode se aproximar ao que algumas análises qualificam como formas de *participação da pesquisa*. Para aprofundamento, ver Silva (1986) e Brandão (2006), dentre outros.

8. Ver Silva (1986), dentre outras análises.

coletivamente e de forma adequada às condições objetivas e subjetivas dos grupos e aos objetivos da investigação.

A participação dos sujeitos implicados na situação pesquisada repercute fortemente na apropriação dos resultados da pesquisa em suas lutas, com destaque para a importância do relatório de pesquisa como instrumento de luta e de pressão junto a órgãos públicos na reivindicação de ações para o atendimento de interesses de grupos específicos; moradores de um bairro ou município; usuários de serviços de uma instituição pública; alunos, professores e pais de alunos de uma escola etc. Como um exemplo ilustrativo, destacamos o uso do relatório do cadastramento de moradores de comunidades atingidas pelo então Programa Promorar, nos 1980, em São Luís (MA), pelos sujeitos envolvidos nessa experiência. O processo de cadastramento, no âmbito da experiência, como relatam Silva e Sousa (1984), foi apropriado por moradores da comunidade atingida pelo programa e transformado em instrumento de luta por seus direitos.

No que diz respeito à imersão dos pesquisadores na realidade pesquisada, é ilustrativa dessa modalidade a participação ensejada pelo projeto de pesquisa e extensão *Relações pedagógicas no movimento de defesa dos direitos da criança e do adolescente em São Luís/MA: 1991/1995* (Abreu, 1995). A equipe de pesquisadores integrou-se à ação educativa junto a crianças e adolescentes e junto a organizações populares, desencadeada a partir de uma ampla articulação de programas institucionais direcionados ao atendimento de necessidades desses segmentos. Isto é, imergiu, reiteramos, como educadores e pesquisadores, na realidade de vida e luta de crianças e adolescentes e de militantes dessa causa. O processo de imersão foi mediado pela vinculação de pesquisadores/educadores na construção da ação concreta sobre essa realidade e na produção do conhecimento sobre a mesma realidade.

A participação nas diversas possibilidades é, assim, indispensável na pesquisa-ação. Apresenta-se como estratégia pedagógica de construção coletiva de conhecimento e ação na relação entre os sujeitos da experiência.

O quarto elemento do processo de investigação se refere ao caso em que esse processo tende à *flexibilização/adequação do rigor metodológico às condições concretas da produção coletiva do conhecimento*, sempre em contraposição ao empirismo e ao formalismo, e impõe a definição de diretrizes norteadoras para resguardar os padrões metodológicos da pesquisa. Desse modo, sobressaem-se aspectos como: o estabelecimento de fases da pesquisa; a construção de formas de participação dos sujeitos implicados na situação pesquisada; a demarcação do universo pesquisado que pode envolver amostras aleatórias ou intencionais; a construção de técnicas coletivas de coleta, por exemplo, grupos de autoinvestigação, grupos de base e outros; as técnicas individuais, com destaque para entrevistas e questionários; as técnicas de análise qualitativa e quantitativa; incluem-se também o uso da história oral, as análises estatísticas, o relatório, dentre outros instrumentais.

A produção coletiva do conhecimento como processo solidário de partilha de saberes, como acentua Brandão (2006), é contínuo e ultrapassa o uso imediato na ação.[9]

Qual a particularidade da dimensão interventiva/ação educativa na relação dialética com a investigação?

Ganha centralidade na reflexão da particularidade da dimensão interventiva/ação educativa na relação dialética com a investigação *a relação pedagógica educador/educando, construída a partir da dinâmica da educação popular, como já iniciamos na discussão da participação na particularidade da dimensão investigativa na relação dialética com a intervenção/ação educativa.* É importante registrar que a educação popular apresenta em seu desenvolvimento na América Latina diferentes tendências político-pedagógicas, assinaladas por Wanderley (1979)[10] em três direções: integração, nacional-popular e libertação.

Avançamos na abordagem da educação popular, com base em Gramsci, buscando a referência da análise do filósofo italiano sobre a educação das massas populares, na perspectiva da unificação entre teoria e prática, como devir histórico — premissa filosófica e base do projeto societário de

9. Para aprofundamento, ver Brandão (2006).

10. Na linha analítica de Wanderley (1979, p. 74), as duas primeiras direções se vinculam ao sistema de controle dominante, atreladas a estratégias educativas governamentais, enquanto a terceira acentua "[...] os processos de conscientização, de capacitação e de participação social ampla, comprometendo-se na luta pela dinamização das resistências populares contra as injustiças e a exploração [...]", ligados às lutas emancipatórias dos trabalhadores.

emancipação dos subalternos —, para pensar a contribuição da ação educativa no processo de pesquisa-ação à elevação cultural dos sujeitos envolvidos, nessa direção.

Recorremos a Gramsci para apreender elementos de fundamentação da ação educativa emancipadora, a partir da tese que esse pensador desenvolve em sua teoria da hegemonia: "[...] toda relação de hegemonia é necessariamente uma relação pedagógica" (Gramsci, 1999, CC 10, § 44, p. 399), na qual se consubstancia a concepção de educação em sentido amplo, que envolve a educação das massas populares, como atividade inscrita na formação de uma nova e superior cultura pelos subalternos na luta de hegemonias políticas. A luta de hegemonias políticas concerne à luta entre as classes sociais em que se confrontam projetos distintos de hegemonia, que sintetizam projetos societários, como já mencionamos neste livro e retomamos aqui: trata-se de um projeto para manter a velha hegemonia exercida pelas classes dominantes, através da direção intelectual e moral e do domínio político da classe que detém o poder econômico, a classe dominante/burguesia; o outro projeto, para destruir a velha hegemonia vigente e construir uma nova hegemonia pelas classes subalternas, base da emancipação dessas classes, passa pela construção em uma nova ordem societária.

Desse modo, privilegiamos como elemento central nesta reflexão *a relação dialética entre educadores/educandos* à luz da relação *entre intelectual e massas populares,* como analisa Gramsci (1999; 2000a; 2000b) no processo de formação de uma nova cultura, uma nova sociabilidade. A relação educador/educando é aqui concebida como momento de formação político-pedagógica crítica, fundante da ação educativa emancipadora, no bojo da metodologia da pesquisa-ação. Obviamente deve ser pensada com as devidas adequações às condições objetivas e subjetivas nas diferentes possibilidades histórico-políticas e socioinstitucionais de concretização da pesquisa-ação.

Que contribuições podemos abstrair da análise gramsciana sobre a relação dialética entre intelectual e massas populares para pensar a relação educador/educando na pesquisa-ação?

Para Gramsci, a busca de unificação entre teoria e prática é a mesma que deve existir entre intelectual e massas populares, que remete ao movimento de ordem estrutural e superestrutural de unificação dos grupos subalternos como classe que almeja a hegemonia para constituir-se em um novo tipo de Estado, o Estado ético. A questão dos intelectuais se vincula à constituição autônoma de uma classe social, em que se dá a formação de seus intelectuais orgânicos nos contraditórios espaços de luta e de organização dessas classes. Gramsci destaca, dentre as mediações mais importantes desse processo, os partidos políticos, no mundo moderno, que têm a função de "[...] elaboração e difusão das concepções de mundo, na medida em que elaboram essencialmente a ética e a política adequadas a elas, isto é, em que funcionam quase como 'experimentadores' históricos de tais concepções" (Gramsci, 1999, CC 11, § 12, p. 105). Desse modo, funcionam como elaboradores das novas intelectualidades integrais e universais, isto é, como:

> [...] o crisol da unificação de teoria e prática entendida como processo histórico real; e compreende-se, assim, como seja necessária que a sua formação se realize através da adesão individual e não ao modo "laborista", já que — se se trata de dirigir organicamente "toda massa economicamente ativa" — deve-se dirigi-la não segundo velhos esquemas, mas inovando; e esta inovação só pode tornar-se de massa, em seus primeiros estágios, por intermédio de uma elite na qual a concepção implícita na atividade humana já tenha se tornado, em certa medida, consciência atual coerente e sistemática e vontade precisa e decidida (Gramsci, 1999, CC 11, § 12, p. 105).

Para Gramsci, esse movimento passa pela transformação do homem-massa em homem-coletivo, que supõe a superação da concepção de mundo dominante materializada na cultura alienante, ou seja, no modo de vida, na maneira de pensar e agir que separa no homem ativo da massa o pensamento e a ação, manifestada no senso comum desagregado e heteróclito, eivado de elementos da cultura dominante, mas, também, de elementos sadios, gestados a partir da própria realidade dos grupos subalternos, que constituem o núcleo sadio do senso comum, identificado como bom senso. O bom senso revela uma "[...] concepção da necessidade que fornece à própria ação uma direção consciente [,] [...] merece ser desenvolvido e transformado em algo unitário e coerente" (Gramsci, 1999, CC 11, § 12, p. 98).

A relação intelectual e massas populares como relação pedagógica se consubstancia nesse pressuposto e como todas as relações pedagógicas são constitutivas das relações de hegemonia. Tais relações orientam-se em valores democráticos entre os sujeitos dessa relação, configuram vinculações recíprocas, tais como as que se concretizam entre professor e aluno, em que "[...] todo professor é sempre aluno e todo aluno, professor"[11] (Gramsci, 1999, CC 10, p. 399).

Na busca de unificação político-ideológica entre intelectual e massas populares, Gramsci chama atenção para a importância da "[...] Passagem do saber ao compreender, ao sentir, e, vice-versa, do sentir ao compreender, ao saber" (Gramsci, 1999, CC 11, § 67, p. 221), no que concerne ao intelectual e aos grupos populares envolvidos nessa relação. Acentua o pensador sardo: o "[...] elemento popular 'sente', mas nem sempre compreende ou sabe; o elemento intelectual 'sabe' mas nem sempre compreende e, menos ainda, 'sente'. Os dois extremos são, portanto, por um lado, o pedantismo e o filisteísmo, e, por outro lado, a paixão cega e o sectarismo" (Gramsci, 1999, CC 11, § 67, p. 221).

Nessa orientação político-pedagógica, é importante atentarmos para algumas necessidades acentuadas por Gramsci na relação entre intelectual e massas populares na busca de substituição do senso comum e as velhas concepções de mundo em geral, cuja natureza, no nosso entender, aponta para questões pedagógicas fundamentais:

> [...] 1) não se cansar jamais de repetir os próprios argumentos (variando literariamente a sua forma): a repetição é o meio didático mais eficaz para agir sobre a mentalidade popular; 2) trabalhar de modo incessante para elevar intelectualmente camadas populares cada vez mais vastas, isto é, para dar personalidade ao amorfo elemento de massa, o que significa trabalhar na criação de elites intelectuais de novo tipo, que surjam diretamente da massa e que permaneçam em contato com ela para se tornarem seus "espartilhos". Esta segunda necessidade, quando satisfeita, é a que realmente modifica o "panorama ideológico" de uma época (Gramsci, 1999, CC 11, § 12, p. 110).

Desse modo, entendemos que a educação popular, na dinâmica da pesquisa-ação, na perspectiva emancipatória que vem se desenvolvendo

11. A tese de Freire (2021) sobre a relação dialógica, que está no centro da pedagogia do oprimido, aproxima-se da premissa gramsciana da relação democrática no processo educativo.

historicamente na América Latina desde os anos 1960, pode afirmar-se como uma estratégia de autoconhecimento, participação, mobilização e organização de sujeitos pertencentes às classes subalternas; portanto, podendo se alinhar nessa direção, na sua particularidade marcada pelo enfrentamento de limites socioinstitucionais e pelo controle político-ideológico, como mencionados neste livro, e, assim, contribuir com os processos de participação crítica e consciente dos subalternos, na construção da história do mundo e de si mesmos, em que a dialética educador/educando tem centralidade.

A relação entre educador/educando se materializa nas experiências de pesquisa-ação, na relação entre pesquisadores externos e os sujeitos implicados nessas experiências, numa dinâmica da ação educativa em permanente construção. É sempre um processo que parte da necessidade de conquista mútua da confiança e do respeito às diferenças e às singularidades entre os sujeitos e avança com a busca do desenvolvimento da solidariedade intraclasse subalterna (Abramides; Mazzeo; Fingermann, 1980; Abreu, 2022), como condições da construção coletiva crítica e implementação dos processos concretos de intervenção. Entendemos a solidariedade intraclasse subalterna como elemento constitutivo dos processos de participação sob o ponto de vista da *grande política* à qual se vincula a pequena política, como diria Gramsci, é referência que agrega aos processos interventivos sob a direção dos subalternos elementos pedagógicos renovados. Sob esse ponto de vista, a solidariedade intraclasse subalterna constitui elemento imprescindível na constituição das relações de forças, e por isso há muito vem sendo afetada pela investida das forças dominantes, que tendem a desconfigurá-la, confundindo-a em solidariedade entre classes, entre sujeitos antagônicos. Essa concepção resvala as políticas sociais através do assistencialismo e da ajuda, apesar da reconfiguração formal das políticas sociais como mediações de garantia de direitos a partir das conquistas constitucionais de 1988. O fortalecimento da solidariedade intraclasse subalterna é, assim, uma necessidade nos processos de mobilização e organização dessa classe na luta cotidiana pelos seus interesses imediatos e mediatos.

Os processos concretos de intervenção na dinâmica da pesquisa-ação, nessa direção, definem-se na relação pedagógica entre pesquisador externo e sujeitos implicados nas situações trabalhadas, em que esses sujeitos, por vezes, têm a primazia na definição e na execução das ações. Cabe ao pesquisador externo uma função auxiliar, ou do tipo *assessoramento*, como acentua Thiollent (2000, p. 70), que também reconhece a existência de situações em que os pesquisadores externos "[...] precisam assumir maior envolvimento e responsabilidade em particular nas situações cercadas de obstáculos políticos ou outros".

Concordamos que, na dinâmica da pesquisa-ação, a dimensão interventiva "[...] deve se concretizar em alguma forma de ação planejada, objeto de análise, deliberação e avaliação" (Thiollent, 2000, p. 69), portanto supõe a construção de um *projeto, que pode ser desdobrado em subprojetos pedagógicos críticos de intervenção.* É importante destacar que o projeto ou os subprojetos respaldam-se no conhecimento crítico, produzido/incorporado coletivamente sobre as questões priorizadas, na perspectiva de enfrentamento e superação dessas questões, num permanente movimento de mobilização e fortalecimento da organização popular consubstanciado na solidariedade intraclasse subalterna, como núcleo da participação crítica.

Nas experiências mencionadas neste capítulo, os subprojetos referem-se a situações concretas específicas de uma realidade, expressas na singularidade de vida dos sujeitos implicados nessa realidade, demarcadas a partir de diferentes recortes temáticos. Por exemplo, observamos na experiência do *Trabalho junto ao pescador artesanal da Ilha de São Luís/MA*, em que os processos interventivos se direcionam para a particularidade de cada comunidade de pescadores envolvida no trabalho. A mesma lógica se verifica nos dois núcleos de palafitas onde se concretizou o projeto de pesquisa-ação junto ao Programa Promorar em São Luís (MA); assim também nas experiências de trabalho social junto ao Inocoop-SP que particularizam a intervenção às questões das populações articuladas em cooperativas habitacionais; e, ainda, na ação específica em cada um dos nove bairros de Itabira (MG), atingidos pelo trabalho desencadeado a partir do *Método BH*. Todavia, em experiências que se concentram em um grupo específico, é comum a construção da intervenção a partir de um único projeto.

Em que pesem as particularizações da ação interventiva, a construção dos projetos pedagógicos críticos como parte da estratégia pedagógica específica de cada proposta de pesquisa-ação, de modo geral, envolve os seguintes elementos: configuração da questão objeto; objetivos da ação; detalhamento das atividades; preparação dos grupos representativos dos sujeitos implicados na experiência; implementação das atividades; sistemática de avaliação; e divulgação interna e externa em diferentes setores interessados, populares e acadêmicos.

Diante do exposto, quais os desafios da pesquisa-ação no Serviço Social hoje?

Reiteramos a afirmação inicial referente à participação do Serviço Social como profissão e área de conhecimento no enfrentamento do desafio histórico de superação da dicotomia entre teoria e prática, em que situamos a pesquisa-ação como alternativa metodológica, quando direcionada para a produção do conhecimento histórico-crítico associado à ação pedagógica emancipadora, orientada pelo marxismo. Ao mesmo tempo, a pesquisa-ação se coloca como permanente desafio no campo da luta social popular e da produção acadêmica na área das Ciências Sociais Aplicadas em que se insere o Serviço Social. Na particularidade do Serviço Social, essa modalidade de pesquisa se confronta com as condições adversas à intervenção crítica comprometida com as lutas emancipatórias dos subalternos. Daí a necessidade da retomada da mobilização, da educação popular e da pesquisa-ação no centro das discussões, frente a velhas e novas demandas colocadas aos assistentes sociais, no contexto de aprofundamento da precarização das condições de trabalho no mercado de trabalho metamorfoseado e da própria formação, aviltadas pela mercantilização e pela refuncionalização das políticas sociais pelas reformas neoliberais. Tais condições fortalecem o pragmatismo na contracorrente da construção de alternativas críticas de intervenção, sobretudo no âmbito da assistência marcada pelo imediatismo dos atendimentos individualizados.

Já vimos, neste livro, a centralidade da assistência no enfrentamento da questão social e a força do velho assistencialismo estatal inerente à sociedade capitalista como determinações inelimináveis da configuração das demandas profissionais predominantes, na atualidade, no mercado de trabalho. Nessas condições, assistentes sociais comprometidos com a perspectiva emancipatória são desafiados, cotidianamente, a construir processos pedagógicos críticos na contracorrente das precárias condições objetivas da intervenção, e, assim, são impelidos à permanente formação continuada e ao fortalecimento da organização política como trabalhadores assalariados.

A apropriação/adequação da pesquisa-ação constitui recurso importante nessa luta, sobretudo diante da necessidade de estudo e aprofundamento teórico e da articulação de forças para responder aos desafios político-pedagógicos da intervenção profissional que se aprofundam no contexto atual da crise cultural nos marcos da crise estrutural do sistema capitalista em todo o mundo, que apontam retrocessos civilizatórios com forte incidência no cotidiano do conjunto da classe trabalhadora, do qual o assistente social faz parte.

Nesse movimento, reiteramos a tese gramsciana: "[...] Toda relação de 'hegemonia' é necessariamente uma relação pedagógica" (Gramsci, 1999, CC 10, § 44, p. 399), para acentuar os desafios pedagógicos da intervenção profissional no enfrentamento do conformismo subalternizante que se aprofunda sob a forte influência ideocultural das forças de extrema-direita mundial e se difunde na sociedade e na profissão.

Atividades Complementares

EXERCÍCIOS E TEXTOS DE APOIO

Leituras para aprofundamento

Para o aprofundamento do estudo sobre a pesquisa-ação como uma alternativa metodológica adequada à necessidade de busca da *unidade teoria e prática como um devir histórico* (Gramsci, 1999, CC 10, § 12), que concebemos como eixo central do processo histórico do projeto ético-político profissional em Serviço Social, sugerimos as seguintes leituras:

a) THIOLLENT, M. *Metodologia da pesquisa-ação*. 9. ed. São Paulo: Cortez Editora; Autores Associados, 2000. (Coleção Temas básicos de pesquisa-ação). Nessa obra, o autor discute vários temas relacionados à metodologia da pesquisa-ação, como uma forma alternativa de pesquisa social. A abordagem acentua a pesquisa de base empírica, isto é, voltada para a descrição de situações concretas e para a intervenção sobre essas situações. Assinala que essa modalidade de pesquisa não substitui as demais modalidades de pesquisa social. Problematiza a permanência de técnicas ditas convencionais utilizadas de acordo com o padrão positivista.

b) BRANDÃO, C. R. A pesquisa participante e a participação da pesquisa: um olhar entre tempos e espaços a partir da América Latina. *In*: BRANDÃO, C. R.; STRECK, D. R. (org.). *Pesquisa participante*: o saber da partilha. Aparecida: Ideias e Letras, 2006. p. 21-54. Texto provocativo sobre a pesquisa-participante, que assinala a solidariedade intraclasse na relação pedagógica entre pesquisadores e a população envolvida na situação pesquisada. Acentua que essa modalidade de investigação é, assim, uma alternativa solidária de produção coletiva de conhecimento, inscrita e participante de processos relevantes de uma ação transformadora de vocação popular e emancipatória. Para o autor, trata-se de "[...] uma das marcas indeléveis da pesquisa participante latino-americana que sonha ir além de ser um novo instrumento para conhecer a realidade ou resolver situações sociais pontuais. Ela se inscreve num horizonte ideológico e político do qual faz parte, isso sim, uma nova gestão do saber" (Brandão, 2006, p. 15).

c) LANZARDO, D. Marx e a enquete operária. *In*: THIOLLENT, M. *Crítica metodológica, investigação social e enquete operária*. São Paulo: Pólis, 1987.

p. 233-246 (Série Teoria e história, 6). Analisa a enquete operária de Marx, destaca os eixos constitutivos da enquete operária conduzida por ele como todo funcional e homogêneo. Considera que, na enquete, pode-se ver de maneira exemplar como a intervenção política segue os princípios fundamentais de análise teórica, e ressalta: "[...] não se pode separar essa enquete de seu trabalho político geral que tem como único objetivo transformar os proletários numa classe antagonista, unindo-a pela organização e guiando-os pelo saber" (Lanzardo, 1987, p. 237).

d) MARX, K. O questionário de 1880. *In:* THIOLLENT, M. *Crítica metodológica, investigação social e enquete operária.* São Paulo: Pólis, 1987. p. 249-256. (Série Teoria e história, 6). O questionário elaborado por Marx para atender a uma solicitação de *La Revue Socialiste*, da França, visa produzir conhecimento histórico-crítico da exploração capitalista e, ao mesmo tempo, suscitar o autoconhecimento, a conscientização e a organização do proletariado. É um complexo instrumento técnico-científico e político-ideológico a serviço dos interesses emancipatórios do proletariado.

e) GRAMSCI, A. *Cadernos do cárcere.* Edição e tradução: Carlos Nelson Coutinho. Coedição: Luiz Sérgio Henriques e Marco Aurélio Nogueira. Rio de Janeiro: Civilização Brasileira, 1999. v. 1 (CC 11, com destaque para as notas preliminares de referência, p. 93-114). Texto denso sobre o estudo da filosofia e da história da cultura atravessado pela discussão de questões metodológicas e pedagógicas, cuja leitura requer para o melhor entendimento que seja precedida da leitura da introdução do volume, feita por Carlos Nelson Coutinho e demais tradutores da edição brasileira.

Para refletir em grupo

Com base no conteúdo do capítulo, desenvolver uma reflexão individual e o debate coletivo entre grupos de alunos e de profissionais em seus espaços de estudo, trabalho e de organização política.

a) Qual o seu entendimento sobre a pesquisa-ação como modalidade de conhecimento e intervenção na realidade?

b) Reflita sobre a contribuição da enquete operária de Marx para pensar a pesquisa-ação na atualidade.

c) Destaque particularidades das dimensões investigativa e interventiva na relação dialética que estabelecem entre si na constituição da dinâmica da pesquisa-ação.

d) Indique eixos da contribuição da análise gramsciana para pensar a pesquisa-ação na atualidade.

e) Qual a importância da pesquisa-ação em relação aos desafios do projeto ético-político profissional do Serviço Social, hoje, na sociedade brasileira?

Dicas culturais

FILMES

a) O MENINO que descobriu o vento. Direção: Chiwetel Ejiofor. EUA/Malawi/França/Reino Unido, 2019. (113 min), son., color.

b) BACURAU. Direção: Kleber Mendonça Filho e Juliano Dornelles. Brasil/França: Vitrine Filmes, 2019. (91 min), son., color.

c) JORNADA da vida. Direção: Philippe Godeau. França/Senegal: Califórnia Filmes, 2018. (103 min), son., color.

d) RELATOS do mundo. Direção: Paul Greengrass. EUA: Netflix, 2022. (119 min), son., color.

Considerações finais

A pesquisa científica busca algo e não qualquer coisa. Ela sabe o que está procurando, embora não saiba o que vai encontrar e esteja aberta para encontrar o que não esperava.

MIRIAM LIMOEIRO CARDOSO

Diante do exposto neste livro, reiteramos, a respeito do conhecimento, o ponto de vista de que suas concepções são abstraídas a partir de suas bases, de seus fundamentos, pois as relações que se configuram, no campo do conhecer ou do intervir, assumem diferentes formas, de acordo com as perspectivas teórico-metodológicas sob as quais se baseiam. Desse modo, podemos abstrair que a grande diversidade de conteúdos políticos e ideológicos nas formulações teóricas produzidas pelo Serviço Social e pelas demais disciplinas profissionais, como também nas práticas interventivas, expressa diferentes posturas teórico-metodológicas determinadas por uma opção política.

Esta obra apresenta, assim, um esforço de unidade teórico-metodológica, ideopolítica e político-acadêmica que se faz por meio de uma abordagem orientada pela perspectiva de Marx e pela tradição marxista, destacando-se, nessa tradição, os clássicos Gramsci e Lukács, acrescidos de relevantes autores marxistas contemporâneos. Todos os autores, tanto os clássicos quanto os contemporâneos, dão conta de, transversalmente na obra, impulsionar as autoras a manterem a postura crítica sempre presente em suas trajetórias acadêmico-políticas, na análise de todos os eixos temáticos estruturantes deste livro.

Elaborado numa conjuntura tão adversa destes últimos cinco anos, em meio a uma crise mundial sem precedentes na história, com ampla abrangência em todas as dimensões da vida (socioeconômica, política, sanitária e ecológica), este livro busca cumprir, como integrante da Biblioteca Básica de Serviço Social da Cortez Editora, a função de contribuir na formação acadêmica e continuada, assim como na instrumentação do pensamento e da ação das classes subalternas, trabalhadoras, na sua missão histórica de superação da ordem burguesa e conquista de sua emancipação — base da emancipação de toda humanidade.

Assim é que, nos diferentes capítulos desta obra, evidenciamos marcos históricos do processo de constituição do Serviço Social como profissão e área de conhecimento no Brasil, em que se destacam *os desafios que se colocam para o Serviço Social brasileiro na perspectiva da unificação da teoria e prática, como devir histórico* (Gramsci, 1999, CC 10, § 12). Desafios que reiteram a pesquisa como um instrumento indispensável na análise das expressões da questão social, como realidade objeto de conhecimento e da intervenção profissional do Serviço Social; assim como na análise das formas contraditórias de enfrentamento das expressões da questão social pelas classes sociais nas mediações entre Estado e sociedade civil, e do próprio Serviço Social como processo histórico. A pesquisa constitui, assim, uma mediação que garante o avanço na apreensão do pensamento de Marx e da tradição marxista, e na análise da diversidade das correntes de pensamento que permeiam a sociedade e penetram o Serviço Social.

Reafirmamos também, como fio condutor desta obra, a tese de que o Serviço Social, como totalidade histórica, expressão da práxis, define-se por um conjunto ou complexo de determinações que, inserido no movimento real totalizante de uma determinada formação social, transforma as suas determinações constitutivas e transforma-se na totalidade, como profissão, ao mesmo tempo que exerce influência nas transformações qualitativas das totalidades concretas em que se insere na história. É, portanto, determinado socialmente e tem uma função na história (Cardoso, 2016).

Sob esse ponto de vista, aprofundamos o entendimento de que é como profissão que o Serviço Social se institucionaliza nas relações sociais, tendo a intervenção como dimensão primeira na definição da natureza e identidade do Serviço Social, e principal referência da pesquisa e da produção do conhecimento. Ganham destaque questões relativas à função do mercado de trabalho e da formação profissional na constituição da intervenção profissional e o nexo orgânico com a pesquisa, a produção do conhecimento e as demandas que se colocam no que tange à organização e à resistência profissional na sustentação do projeto ético-político profissional.

A assistência e a luta por direito se afirmam neste livro como principais eixos da intervenção profissional nos espaços socioinstitucionais do mercado de trabalho no âmbito das políticas sociais e, a partir dos anos 1980, como dito no Capítulo 1, esse mercado de trabalho é expandido às "[...] instituições da organização autônoma da classe trabalhadora como empregadoras desses profissionais" (Cardoso; Lopes, 2009, p. 462). Nas contradições desses espaços, gestam-se condições de construção da intervenção na perspectiva da emancipação humana. As relações complexas desses eixos nos diferentes espaços socioinstitucionais, com a força diferenciada das ideologias que carregam, passam a constituir a própria natureza da profissão e consubstanciam a formação da identidade profissional.

A natureza e a identidade profissional, como processos históricos imbricados na intervenção, são tensionadas pelas metamorfoses no mercado de trabalho e pelas inflexões das instituições de formação acadêmica que tendem a desconfigurar/reconfigurar as funções profissionais. Esses processos são considerados condições fundamentais da pesquisa para o avanço do conhecimento histórico-crítico das questões que atravessam a intervenção e das funções que delimitam o *campo específico, privativo* (Brasil, 2001), dos assistentes sociais nas relações sociais, na direção das lutas emancipatórias dos subalternos e de toda humanidade. Esse conjunto de tensões repõe, como exigência da construção crítica e consciente da profissão como processo histórico, a organização política da categoria como parte da classe trabalhadora e mediação estratégica de participação nessa luta que é, ao mesmo tempo, geral e particular.

Assim, o avanço da pesquisa e da produção do conhecimento em Serviço Social, a partir da orientação marxista, e o fortalecimento da organização política se recolocam como armas político-ideológicas estratégicas necessárias na intervenção profissional na direção histórico-política defendida pelo projeto ético-político profissional.

Nas últimas cinco décadas, têm se intensificado a pesquisa e a produção do conhecimento sobre o amplo espectro das mediações constitutivas do Serviço Social, com destaque, como dito, para as expressões da questão social sobre as quais incidem a intervenção profissional e as formas de enfrentamento dessas expressões construídas pelas classes sociais em luta no movimento entre Estado e sociedade civil, em que se vincula a intervenção profissional através do mercado de trabalho; e para as questões pertinentes ao próprio Serviço Social como processo histórico constituído/constituinte das relações sociais.

Assim, reforçamos nesta conclusão, com base no conjunto das análises sobre as tendências da pesquisa e da produção do conhecimento nas últimas cinco décadas, a centralidade nos eixos temáticos *políticas sociais, Serviço Social, questão social e trabalho,* com o predomínio dos eixos *políticas sociais e Serviço Social* que apontam tendências desses processos no Serviço Social como área de conhecimento, enraizado em eixos fundantes da vida social e de si próprio como processo histórico constituído/constituinte das relações sociais. Tais indicações, como tentativas de abstrações dos eixos centrais desses processos, requisitam um grande trabalho coletivo de síntese e prospecção da área, em que tem destaque o protagonismo da ABEPSS como entidade representativa da área e, como tal, espaço de organização dos pesquisadores e de fortalecimento do setor na interlocução com as demais áreas de conhecimento e junto aos órgãos de fomento.

É importante reiterar os significativos avanços alcançados, sobretudo com a formação de uma massa crítica responsável pela vasta produção bibliográfica com repercussão em países da América Latina e Caribe, Europa e África, de que fazem parte importantes periódicos científicos na divulgação e na difusão do acúmulo do conhecimento histórico-crítico produzido. Entretanto, ainda são maiores os desafios a enfrentar, coletivamente, nessa escalada sob a determinação da luta de classes à qual o Serviço Social está vinculado desde a sua origem, mediado e mediando interesses contraditórios das classes sociais no enfrentamento das expressões da questão social em um contexto adverso ao avanço do conhecimento histórico-crítico, à luz do pensamento de Marx e da tradição marxista.

Assim, na contracorrente do pensamento dominante, amparadas nos fundamentos do método da teoria social de Marx e da tradição marxista, sustentados no ponto de vista da totalidade e da historicidade, confrontamos os fundamentos das grandes perspectivas derivadas das Ciências Sociais, com destaque para o empirismo e o formalismo. As derivações dessas perspectivas abarcam diversas vertentes na produção do conhecimento no âmbito das Ciências Sociais e da Natureza, funcionais à reprodução social sob a ordem do capital.

A partir desse confronto, reiteramos a premissa de que pensar o método, o movimento dialético e o instrumental técnico-científico, sob a influência de Marx e da tradição marxista, para o estudo da pesquisa e seu instrumental em Serviço Social, é apreender e reproduzir no plano do pensamento o movimento histórico de construção e reconstrução da realidade concreta tomada como objeto de conhecimento e de intervenção, ou seja, é construir abstrações conceituais, adequadas à inteligibilidade do real, objeto da pesquisa na sua historicidade; e expor os resultados dessa apreensão.

Quanto aos instrumentos do pensamento para apreensão e análise no âmbito da pesquisa e da produção de conhecimento dos objetos históricos, destacamos que os fundamentos e as particularidades desses instrumentos são aprofundados em análises na tradição marxista, dentre as quais enfatizamos, neste livro, a contribuição de Gramsci, sobretudo, nos *Cadernos do cárcere* (1929-1935), que seguindo o pensamento marxiano dá grande atenção à metodologia histórica, vinculada organicamente à luta política de enfrentamento ao fascismo na Itália e à construção de uma alternativa socialista ao capitalismo, em que a constituição de uma nova hegemonia pelos subalternos é colocada como estratégia revolucionária. Nesses marcos, os instrumentos técnico-científicos são analisados como produtos históricos do pensamento na relação com a realidade concreta, sendo, portanto, sempre construtos aproximativos, específicos em cada processo de pesquisa.

O destaque para a pesquisa-ação, neste livro, prende-se à importância dessa modalidade de pesquisa associada à intervenção na realidade, no processo de construção do projeto ético-político profissional do Serviço Social, desde os anos 1970 no Brasil. Podemos entendê-la como uma alternativa metodológica que se adéqua à necessidade de busca da *unidade teoria e prática como um devir histórico* (Gramsci, 1999, CC 10, § 12), que reafirmamos como eixo central do processo histórico desse novo projeto profissional.

Com base nos fundamentos histórico-conceituais de toda a obra, reiteramos como grandes desafios para o Serviço Social nas transformações contemporâneas da sociedade brasileira, como analisamos no Capítulo 1: o fortalecimento dos vínculos com as instituições de organização da luta social, que permanecem na resistência contra o capital; o avanço na inserção nos movimentos de rearticulação da organização classista dos trabalhadores, enquanto avança a própria organização dos assistentes sociais como força de trabalho; o adensamento da produção teórica sobre as formações sociais concretas em que se insere e sobre os objetos históricos de sua intervenção.

O atual momento histórico é marcado pela necessidade de sustentação teórico-política do projeto ético-político profissional que requisita o avanço do conhecimento histórico-crítico e da organização política da categoria, como necessidade para a superação do senso comum profissional já cristalizado e o fortalecimento de um senso comum renovado, em formação desde o movimento da *virada* profissional, iniciado nos anos 1970 e consolidado nos anos 1980. Senso comum no qual, como mencionamos no Capítulo 2, entrelaçam-se tanto elementos de crítica da questão social como produto das relações capitalistas de exploração, dominação e humilhação, e o compromisso profissional com as lutas emancipatórias das classes subalternas, quanto elementos e posturas que reificam concepções conservadoras que remontam ao tradicionalismo profissional. Nesse confronto às concepções conservadoras, hoje fortalecidas na sociedade com o avanço da crise cultural mundial, em que ocorrem profundas transformações no senso comum, sobretudo, dos grupos subalternos sob a influência ideológica e política da extrema-direita que se reatualiza no mundo, com a ideologia e a cultura neofascista, reiteramos a importância do fortalecimento e do avanço da pesquisa e da produção do conhecimento histórico-crítico sob a orientação do pensamento marxiano e da tradição marxista.

Referências

ABRAMIDES, M. B. C.; MAZZEO, S. C.; FINGERMANN, T. N. *Repensando o trabalho social*: a relação entre Estado, instituição e população. São Paulo: Cortez Editora, 1980.

ABRAMIDES, M.B.C; CABRAL,M.S.R. *O novo sindicalismo e o Serviço Social. Trajetória e processos de luta de uma categoria*:1978-1988. São Paulo: Cortez Editora, 1995.

ABREU, M. M. *Relações pedagógicas no movimento de defesa dos direitos da criança e do adolescente em São Luís/MA:* 1991-1995. São Luís: Departamento de Serviço Social/UFMA, 1995. Relatório de pesquisa.

ABREU, M. M. *Serviço Social e a organização da cultura:* perfis pedagógicos da prática profissional. São Paulo: Cortez Editora, 2002.

ABREU, M. M. Pesquisa em Serviço Social: tendências na implementação das Diretrizes Curriculares. *Temporalis*, Brasília, n. 14, p. 119-148, 2008.

ABREU, M. M. Pedagogia da intervenção em Serviço Social e educação popular na formação da cultura pelos subalternos. *In:* LIMA, C. C.; ABREU, M. M.; SANTANA, N. (org.). *Gramsci, cultura e a luta de classes na América Latina.* São Paulo: Expressão Popular, 2022. p. 249-280.

ABREU, M. M.; SIMIONATTO, I. A situação da pesquisa em Serviço Social no Brasil 1990-1996. *Cadernos ABESS*, São Paulo, n. 7, p. 15-58, 1997.

ADRIANO, A. L. *Hegemonia e Serviço Social*: significações ético-políticas do projeto profissional em debate. 2020. Tese (Doutorado em Serviço Social) — Universidade Federal do Rio de Janeiro, Rio de Janeiro. Disponível em: https://www.oasisbr.ibict.br/vufind/Record/BRCRIS_5380da6ac56f9f2f9d8473a6f3b58078. Acesso em: 13 set. 2023.

ALCOFORADO, M. G. Elaboração de projeto de pesquisa. *In:* CONSELHO FEDERAL DE SERVIÇO SOCIAL; ASSOCIAÇÃO BRASILEIRA DE ENSINO E PESQUISA EM SERVIÇO SOCIAL. *Serviço Social:* direitos sociais e competências profissionais. Brasília: CFESS/ABEPSS, 2009. v. 1, p. 719-740.

ANDER-EGG, E. *Hacia una metodología de la militancia y el compromiso*. Buenos Aires: Ecro, 1973. (Temas de Trabajo Social, n. 9).

ANTUNES, R. *Adeus ao trabalho?*: ensaio sobre as metamorfoses e a centralidade do mundo do trabalho. São Paulo: Cortez Editora; Campinas: Editora Unicamp, 1995.

ANTUNES, R. Prefácio. *In*: RAICHELIS, R.; VICENTE, D.; ALBUQUERQUE, V. *A nova morfologia do trabalho no Serviço Social*. São Paulo: Cortez Editora, 2019. p. 9-14.

ASSOCIAÇÃO BRASILEIRA DE ENSINO EM SERVIÇO SOCIAL. Diretrizes gerais para o curso de Serviço Social. *Cadernos ABESS*, São Paulo, n. 7, p. 58-76, 1997. Formação profissional: trajetórias e desafios.

ASSOCIAÇÃO BRASILEIRA DE ENSINO E PESQUISA EM SERVIÇO SOCIAL. *Estatuto da Associação Brasileira de Ensino e Pesquisa em Serviço Social*. São Luís, 2008. Aprovado na Assembleia Geral.

ASSOCIAÇÃO BRASILEIRA DE ENSINO E PESQUISA EM SERVIÇO SOCIAL. *A ABEPSS e o fortalecimento da pesquisa na área de Serviço Social*: a estratégia dos Grupos Temáticos de Pesquisa (GTP). Brasília, 2009.

BARROCO, M. L. S. *Ética:* fundamentos sócio-históricos. 3. ed. São Paulo: Cortez Editora, 2010. (Biblioteca Básica de Serviço Social, v. 4).

BOOTHMAN, D. Linguagem. *In*: LIGUORI, G.; VOZA, P. (org.). *Dicionário gramsciano*. São Paulo: Boitempo, 2017. p. 476-478.

BRANDÃO, C. R. A pesquisa participante e a participação da pesquisa: um olhar entre tempos e espaços a partir da América Latina. *In*: BRANDÃO, C. R.; STRECK, D. R. (org.). *Pesquisa participante*: o saber da partilha. Aparecida: Ideias e Letras, 2006. p. 21-54.

BRANDÃO, C. R.; STRECK, D. R. Pesquisa participante: a partilha do saber. *In:* BRANDÃO, C. R., STRECK, D. R. (org.). *Pesquisa participante*: o saber da partilha. Aparecida: Ideias e Letras, 2006. p. 7-20.

BRASIL. Ministério da Educação. Secretaria de Educação Superior. Comissão de Especialistas de Ensino em Serviço Social. *Diretrizes curriculares — curso*: Serviço Social. Brasília, 1999.

BRASIL. Presidência da República. Lei n. 8.662, de 7 de junho de 1993. Dispõe sobre a profissão de assistente social e dá outras providências. *In*: CONSELHO FEDERAL DE SERVIÇO SOCIAL. *Assistente social*: ética e direitos. Rio de Janeiro: CFESS, 2001.

BRASIL. Ministério da Educação. Secretaria de Educação Superior. Câmara de Ensino Superior. *Resolução CNE/CES 15, de 13 de março de 2002*. Estabelece as Diretrizes Curriculares para os cursos de Serviço Social. Brasília, 2002.

BRAZ, M. A hegemonia em xeque: projeto ético-político do Serviço Social e seus elementos constitutivos. *Revista Inscrita*, Brasília, ano 7, n. 10, p. 4-11, 2007. Disponível em: https://issuu.com/cfess/docs/revistainscrita-cfess__10_. Acesso em: 13 set. 2023.

CARDOSO, F. G. *Trabalho junto ao pescador artesanal da Ilha de São Luís*. São Luís: UFMA, 1979. Anteprojeto de pesquisa.

CARDOSO, F. G. *Organização das classes subalternas:* um desafio para o Serviço Social. São Paulo: Cortez Editora; São Luís: EDUFMA, 1995.

CARDOSO, F. G. As novas diretrizes curriculares para a formação profissional do assistente social: principais polêmicas e desafios. *Temporalis*, Brasília, ano 1, n. 2, p. 7-32, 2000.

CARDOSO, F. G. O Serviço Social como totalidade histórica em movimento no Brasil contemporâneo. *In*: SILVA, M. L. O. *Serviço Social no Brasil:* história de resistências e de ruptura com o conservadorismo. São Paulo: Cortez Editora, 2016. p. 165-182.

CARDOSO, F. G.; ABREU, M. M. Serviço Social como uma expressão da práxis na crise contemporânea do capitalismo: fundamentos e tendências no Brasil. *Revista de Políticas Públicas*, São Luís, v. 18, n. esp., p. 313-321, 2014. Disponível em: https://periodicoseletronicos.ufma.br/index.php/rppublica/article/view/2721. Acesso em: 13 set. 2023.

CARDOSO, F. G.; LOPES, J. B. O trabalho do assistente social nas organizações da classe trabalhadora. *In:* CONSELHO FEDERAL DE SERVIÇO SOCIAL; ASSOCIAÇÃO BRASILEIRA DE ENSINO E PESQUISA EM SERVIÇO SOCIAL. *Serviço Social*: direitos sociais e competências profissionais. Brasília: CFESS/ABEPSS, 2009. v. 1, p. 461-480.

CARDOSO, M. L. *Para conhecimento dos objetos históricos*: algumas questões metodológicas. Rio de Janeiro: Escola Interamericana de Administração Pública (EIAP), 1976. Mimeografado.

CARDOSO, M. L. *O mito do método*. Rio de Janeiro: Editora PUC-Rio, 1971. Mimeografado.

CARVALHO, A. M. P. *A questão da transformação e o trabalho social*: uma análise gramsciana. São Paulo: Cortez Editora, 1982.

CARVALHO, D. B. B. de *et al*. A pesquisa, a produção e a divulgação do conhecimento dos programas de pós-graduação na área do Serviço Social. *In:* CARVALHO, D. B. B. de; SILVA, M. O. S. *Serviço Social, pós-graduação e produção de conhecimento no Brasil*. São Paulo: Cortez Editora, 2005. p. 69-132.

CASTRO, M. M. *História do Serviço Social na América Latina*. São Paulo: Cortez Editora, 1984.

CLARK, M. A. G. *La práxis del trabajo social en una dirección científica*. Buenos Aires: Ecro, 1973.

CONSELHO FEDERAL DE SERVIÇO SOCIAL. *Resolução CFESS n. 273, de 13 de março de 1993*. Institui o Código de Ética Profissional dos assistentes sociais e dá outras providências. Rio de Janeiro: CFESS, 1993. Disponível em: http://www.cfess.org.br/arquivos/resolucao_273-93.pdf. Acesso em: 13 set. 2023.

CONSELHO FEDERAL DE SERVIÇO SOCIAL. *Atribuições privativas do/a assistente social em questão*. Brasília: CFESS, 2002. Edição ampliada em 2012.

CONSELHO FEDERAL DE SERVIÇO SOCIAL; ASSOCIAÇÃO BRASILEIRA DE ENSINO E PESQUISA EM SERVIÇO SOCIAL. *Serviço Social*: direitos sociais e competências profissionais. Brasília: CEAD/UnB, 2009.

CONSELHO NACIONAL DE SAÚDE. *Resolução CNS n. 466, de 12 de dezembro de 2012.* Dispõe sobre diretrizes e normas regulamentadoras de pesquisas envolvendo seres humanos. Brasília: Conselho Nacional de Saúde, 2012. Disponível em: https://www.gov.br/conselho-nacional-de-saude/pt-br/acesso-a-informacao/legislacao/resolucoes/2012/resolucao-no-466.pdf/view. Acesso em: 27 set. 2024.

DAINOTTO, R. Filosofia da práxis [verbete]. *In:* LIGUORI, G.; VOZA, P. *Dicionário gramsciano.* São Paulo: Expressão Popular, 2017. p. 300-303.

DESLANDES, S. F. O projeto de pesquisa como exercício científico e artesanato intelectual. *In*: MINAYO, M. C. S. (org.). *Pesquisa social*: teoria, método e criatividade. 26. ed. Petrópolis: Vozes, 2007. p. 31-60.

FALEIROS, V. P. *Trabajo social, ideología y método*. Buenos Aires: Ecro, 1972.

FALEIROS, V. P. *Metodologia e ideologia do trabalho social.* São Paulo: Cortez Editora, 1981.

FALEIROS, V. P. *Estratégias em Serviço Social*. São Paulo: Cortez Editora, 1997.

FARAGE, E. Serviço Social e a contribuição de Antonio Gramsci para uma perspectiva da pedagogia da intervenção profissional e da educação popular. *In:* ABREU, M. M.; LIMA, C.; SANTANA, N. (org.). *Gramsci, cultura e luta de classes na América Latina.* São Paulo: Expressão Popular, 2022. p. 229-248.

FÓRUM DE CIÊNCIAS HUMANAS, SOCIAIS, SOCIAIS APLICADAS, LINGUÍSTICA, LETRAS E ARTES. Grupo de Trabalho de Ética em Pesquisa. *Diretrizes para a ética na pesquisa e a integridade científica.* Brasília: Centro de Gestão e Estudos Estratégicos, 2024.

FERNANDES, F. *A ditadura em questão.* São Paulo: T. A. Queiroz, 1982.

FERNANDES, F. (org). *Marx e Engels*: história. São Paulo: Ática, 1989.

FREIRE, P. *Pedagogia do oprimido.* Rio de Janeiro: Paz e Terra, 2021.

GRAMSCI, A. *Cadernos do cárcere (1926-1937).* Edição e tradução: Carlos Nelson Coutinho. Coedição: Luiz Sérgio Henriques e Marco Aurélio Nogueira. Rio de Janeiro: Civilização Brasileira, 1999. v. 1 — Introdução ao estudo da filosofia. A filosofia de Benedetto Croce.

GRAMSCI, A. *Cadernos do cárcere.* Rio de Janeiro: Civilização Brasileira, 2000a. v. 2.

GRAMSCI, A. *Cadernos do cárcere.* Rio de Janeiro: Civilização Brasileira, 2000b. v. 3.

GRAMSCI, A. *Cadernos do cárcere.* Rio de Janeiro: Civilização Brasileira, 2001. v. 4.

GUERRA, Y. *A instrumentalidade do Serviço Social.* São Paulo: Cortez Editora, 1995.

HAGUETTE, T. M. F. *Metodologias qualitativas na sociologia.* Petrópolis: Vozes, 2013.

HELLER, A. *Teoría de las necesidades en Marx*. Barcelona: Ediciones Península, 1986.

HOBSBAWM, E. O marxismo hoje: um balanço aberto. *In:* HOBSBAWM, E. (org.). *História do marxismo*. Rio de janeiro: Paz e Terra, 1991. v. 11, p. 32-33.

IAMAMOTO, M. V. *O Serviço Social na contemporaneidade*: trabalho e formação profissional. São Paulo: Cortez Editora, 1998.

IAMAMOTO, M. V. *Serviço Social em tempo de capital fetiche*: capital financeiro, trabalho e questão social. São Paulo: Cortez Editora, 2007.

IAMAMOTO, M.; CARVALHO, R. *Relações sociais e Serviço Social no Brasil*: esboço de uma interpretação histórico-metodológica. São Paulo: Cortez Editora; Celats, 1982.

KAMEYAMA, N. Catálogo de teses de doutorado e dissertações de mestrado da área de Serviço Social-Brasil: 1974-1995. *In:* ENCONTRO NACIONAL DOS PESQUISADORES EM SERVIÇO SOCIAL, 5., 1996, Rio de Janeiro. *Anais* [...]. Rio de Janeiro: UFRJ, 1996.

KAMEYAMA, N. A trajetória da produção de conhecimento em Serviço Social: avanços e tendências (1975-1997). *Cadernos ABESS*, São Paulo, n. 8, p. 33-76, 1998.

LANZARDO, D. Marx e a enquete operária. *In*: THIOLLENT, M. *Crítica metodológica, investigação social e enquete operária*. São Paulo: Pólis, 1987. p. 233-246.

LIMA, B. A. *Epistemología del Trabajo Social*. Buenos Aires: Ecro, 1972.

LIMA, B. A. *Contribuição à metodologia do Serviço Social*. Belo Horizonte: Interlivros de Minas Gerais, 1976.

LOJKINE, J. *A revolução informacional*. São Paulo: Cortez Editora, 1995.

LOPES, J. B. A relação Serviço Social — movimento social: indicações para um estudo. *Serviço Social & Movimento Social*, São Luís, v. 1, n. 1, p. 7-20, jul./dez. 1999.

LOPES, J. B. Os desafios, 30 anos depois. *Revista Inscrita*, Brasília, ano 8, n. 12, p. 21-30, 2009. Disponível em: https://issuu.com/cfess/docs/revistainscrita-cfess__12. Acesso em: 13 set. 2023.

LOPES, J. B. O Movimento de Reconceituação do Serviço Social na América latina como marco na construção da alternativa crítica na profissão: a mediação da organização acadêmico-política e o protagonismo do Serviço Social brasileiro. *In*: SILVA, M. L. O. *Serviço Social no Brasil*: história de resistências e de ruptura com o conservadorismo. São Paulo: Cortez Editora, 2016. p. 311-344.

LOPES, J. B.; ABREU, M. M. A questão da identidade profissional do assistente social: constituição histórica e a determinação do mercado de trabalho. *In:* ENCONTRO NACIONAL DE PESQUISADORES EM SERVIÇO SOCIAL, 16., 2018, Vitória. *Anais* [...]. Vitória: ABEPSS, 2018. Disponível em: https://periodicos.ufes.br/abepss/article/view/22103. Acesso em: 13 set. 2023.

LOPES, J. B.; ABREU, M. M.; CARDOSO, F. G. O caráter pedagógico da intervenção profissional e sua relação com as lutas populares. *In*: ABRAMIDES, M. B.; DURIGUETTO, M. L. (org.). *Movimentos sociais e Serviço Social*: uma relação necessária. São Paulo: Cortez Editora, 2014. v. 1, p. 195-213.

LÖWY, M. *Método dialético e teoria política.* Rio de Janeiro: Paz e Terra Filosofia, 1978.

LÖWY, M. *Marxismo e teologia da libertação.* São Paulo: Cortez Editora, 1991. (Coleção Polêmicas do nosso tempo, v. 39).

LUKÁCS, G. *Ontologia do ser social*: os princípios ontológicos fundamentais da obra de Marx. São Paulo: Ciências Humanas, 1979.

MACIEL, M.; CARDOSO, F. G. Metodologia do Serviço Social: a práxis como base conceitual. *Cadernos ABESS*, São Paulo, n. 3, p. 6-186, 1989.

MANACORDA, M. A. *O princípio educativo em Gramsci.* Porto Alegre: Artes Médicas, 1990.

MARQUES NETO, A. M. *A ciência do direito*: conceito, objeto, método. Rio de Janeiro: Forense, 1982.

MARTINELLI, M. L. *Serviço Social*: identidade e alienação. São Paulo: Cortez Editora, 1997.

MARX, K. *Para a crítica da economia política. Salário, preço, lucro. O rendimento e suas fontes:* a economia vulgar. São Paulo: Abril Cultural, 1982. (Coleção Os Economistas).

MARX, K. *Miséria da filosofia.* Tradução: José Paulo Netto. São Paulo: Global, 1985.

MARX, K; ENGELS, F. K. *Mark, F. Engels*: história. São Paulo: Ática, 1989. (Coleção Grandes cientistas sociais, 36).

MARX, K. O questionário de 1880. *In:* THIOLLENT, M. *Crítica metodológica, investigação social e enquete operária.* São Paulo: Pólis, 1987. p. 249-256. (Série Teoria e História, 6).

MARX, K. Teses sobre Feuerbach. *In:* MARX, K.; ENGELS, F. *A ideologia alemã (Feuerbach).* São Paulo: Hucitec, 1993. p. 99-104.

MARX, K. *O capital*: crítica da economia política. Rio de Janeiro: Bertrand, 1994a. t. 1, v. 1. Livro 1: O processo de produção do capital.

MARX, K. Prefácio da 1ª edição e posfácio da 2ª edição. *In*: MARX, K. *O capital*: crítica da economia política. Rio de Janeiro: Bertrand, 1994b. v. 1. Livro 1: O processo de produção do capital. p. 13-17.

MARX, K. Emancipação política e emancipação humana. *In:* NETTO, J. P. (org.). *O leitor de Marx.* São Paulo: Cortez Editora, 2012.

MARX, K.; ENGELS, F. *K. Mark, F. Engels*: história. São Paulo: Ática, 1989. (Coleção Grandes cientistas sociais, 36).

MARX, K.; ENGELS, F. *A ideologia alemã.* São Paulo: Boitempo, 2007.

MARK, K; ENGELS, F. *Obras escolhidas*. São Paulo: Alfa-Ômega, s. d. v. 3.

MENDES, J. M. R.; ALMEIDA, B. L. F. As recentes tendências da pesquisa em Serviço Social. *Serviço Social & Sociedade*, São Paulo: Cortez Editora, n. 120, p. 640-661, out./dez. 2014. Disponível em: https://www.scielo.br/j/sssoc/a/r4kDmyfsx5kvnTy6jsrRDxf/?format=pdf&lang=pt. Acesso em: 13 set. 2023.

MÉSZÁROS, I. *Para além do capital:* rumo a uma teoria da transição. Campinas: Editora Unicamp; São Paulo: Boitempo, 2002.

MONTAÑO, C. E. *A natureza do Serviço Social*. São Paulo: Cortez Editora, 2007.

MOTA, A. E. Serviço Social brasileiro: profissão e área do conhecimento. *Katálysis*, Florianópolis, v. 16, n. esp., p. 17-27, 2013. Disponível em: https://www.scielo.br/j/rk/a/9kN3x6tySLZWBNGKsHk4rbS/?format=pdf. Acesso em: 13 set. 2023.

NETTO, J. P. Introdução. *In:* MARX, K. *A miséria da filosofia*. Tradução: José Paulo Netto. São Paulo: Global, 1985. p. 9-32.

NETTO, J. P. *Ditadura e Serviço Social*: uma análise do Serviço Social no Brasil pós-64. São Paulo: Cortez Editora, 1991.

NETTO, J. P. *Capitalismo monopolista e Serviço Social*. São Paulo: Cortez Editora, 1992.

NETTO, J. P. *Crise do socialismo e ofensiva neoliberal*. São Paulo: Cortez Editora, 1993.

NETTO, J. P. Das ameaças à crise. *Revista Inscrita*, Brasília, ano 7, n. 10, p. 37-40, 2007. Disponível em: https://issuu.com/cfess/docs/revistainscrita-cfess__10_. Acesso em: 13 set. 2023.

NETTO, J. P. Introdução ao método na teoria social. *In:* CONSELHO FEDERAL DE SERVIÇO SOCIAL; ASSOCIAÇÃO BRASILEIRA DE ENSINO E PESQUISA EM SERVIÇO SOCIAL. *Serviço Social*: direitos sociais e competências profissionais. Brasília: CFESS/ABEPSS, 2009. p. 667-696.

NETTO, J. P. *Karl Marx*: uma biografia. São Paulo: Boitempo, 2020.

NETTO, J. P.; BRAZ, M. Trabalho, sociedade e valor. *In:* NETTO, J. P.; BRAZ, M. *Economia política*: uma introdução crítica. São Paulo: Cortez Editora, 2006. Capítulo 1, p. 29-53.

OLIVEIRA, F. Prefácio. *In:* RAICHELIS, R. *Esfera pública e conselhos de assistência social*: caminhos da construção democrática. São Paulo: Cortez Editora, 1998. p. 11-16.

OLIVEIRA, J. A. de A.; TEIXEIRA, S. M. F. *(Im)Previdência social*: 60 anos de história da previdência no Brasil. Petrópolis: Vozes, 1986.

RAICHELIS, R. Serviço Social: trabalho e profissão na trama do capitalismo contemporâneo. *In*: RAICHELIS, R.; VICENTE, D.; ALBUQUERQUE, V. (org.). *A nova morfologia do trabalho no Serviço Social*. São Paulo: Cortez Editora, 2019. p. 25-65.

SANTANA, J. V. S.; STAMPA, I. S.; FERREIRA, B. J. P. Pós-graduação no Brasil e temas de pesquisa na área de Serviço Social: resistências em tempos de crise social e política. *In:* LEWGOY, A. M. B.; MACIEL, A. L. S. *Pós-graduação e produção do conhecimento em Serviço Social*: conjuntura, tendências e desafios. Uberlândia: Navegando, 2021. p. 41-64.

SANTOS, C. M. *Na prática a teoria é outra?*: mitos e dilemas na relação entre teoria, prática e instrumentos e técnicas no Serviço Social. Rio de Janeiro: Lumen Juris, 2010. v. 1.

SANTOS, L. L. *Textos de Serviço Social.* São Paulo: Cortez Editora, 1982.

SILVA, M. O. S. *Refletindo a pesquisa participante.* São Paulo: Cortez Editora, 1986.

SILVA, M. O. S.; SOUSA, S. de M. P. S. Prática de investigação-ação. *Cadernos Práxis 2*, São Paulo: Cortez Editora, 1984.

THIOLLENT, M. *Crítica metodológica, investigação social e enquete operária.* São Paulo: Pólis, 1987.

THIOLLENT, M. *Metodologia da pesquisa-ação.* 9. ed. São Paulo: Cortez Editora; Autores Associados, 2000. (Coleção Temas básicos de pesquisa-ação).

UNIVERSIDADE CATÓLICA DE MINAS. Escola de Serviço Social. A relação "teoria-prática" em Trabalho Social. *In:* INSTITUTO DE SOLIDARIEDADE INTERNACIONAL. *Compendio sobre metodología para el Trabajo Social.* Buenos Aires: Ecro, 1974. p. 77-178.

UNIVERSIDADE FEDERAL DO SUL DA BAHIA. *O que é um Comitê de Ética em Pesquisa com Seres Humanos — CEP?* Salvador, 2023. Disponível em: https://ufsb.edu.br/cep/comite-de-etica-em-pesquisa/o-que-e-um-comite-de-etica-em-pesquisa-com-seres-humanos-cep. Acesso em: 13 set. 2023

WANDERLEY, L. E. W. Apontamentos sobre a educação popular. *In:* VALLE, E.; QUEIRÓZ, J. J. (org.). *A cultura do povo.* São Paulo: Cortez & Moraes, 1979. p. 58-79.

Apêndice

Projeto de pesquisa

TEMA: Serviço Social e organização política das classes subalternas: as lutas sociais no enfrentamento da questão social na crise contemporânea do capitalismo, no Brasil.

1. Justificativa

Este projeto de pesquisa sobre *Serviço Social e organização política das classes subalternas: as lutas sociais no enfrentamento da questão social na crise contemporânea do capitalismo, no Brasil* vincula-se ao Grupo de Estudos, Pesquisas e Debates em Serviço Social e Movimento Social (GSERMS), vinculado ao Departamento de Serviço Social da Universidade Federal do Maranhão (Deses/UFMA) e ao Programa de Pós-graduação em Políticas Públicas da UFMA (PPGPP/UFMA), coordenado pela pesquisadora Josefa Batista Lopes. Nesta nova proposta de pesquisa, mantenho o eixo temático da pesquisa *Serviço Social e a organização política das classes subalternas: os desafios nas transformações contemporâneas da sociedade brasileira,* desenvolvida no período de março de 2011 a fevereiro de 2014, mas nesta será dado destaque às lutas sociais no enfrentamento da questão social na crise contemporânea do capitalismo, na perspectiva de verticalizar estudos anteriores como pesquisadora bolsista de produtividade do CNPq a partir de 1999 até fevereiro de 2014.

Retomo a categoria teórica e histórica *questão social*, sobre a qual tenho acumulado conhecimentos, e pelo seu significado como categoria fundante do Serviço Social e sua relação de organicidade com as lutas sociais, no âmbito da organização das classes subalternas, no contexto da crise contemporânea do capitalismo.

É importante, neste estudo, aprofundar conhecimentos sobre: a natureza e a direção da política das lutas sociais, dos processos organizativos e das instâncias de organização política das classes subalternas; e os desafios nas transformações contemporâneas da sociedade brasileira. A intenção é avançar na reflexão sobre a relação do Serviço Social com esses processos.

Reafirmo a necessidade de ampliação de estudos desta temática na área de Serviço Social, a partir da constatação, através de pesquisas sistemáticas e de debates em eventos nacionais, de que ainda é reduzida a literatura produzida pelos estudiosos dessa área, sobretudo no que se refere ao estabelecimento da relação entre organização política dessas classes e o Serviço Social.

Esses elementos, dentre outros, podem justificar a relevância em manter o mesmo eixo da pesquisa anteriormente referida, com nova delimitação do objeto ao enfatizar, neste estudo, as lutas sociais no enfrentamento da questão social, por considerar uma exigência a atualização e permanente verticalização de estudos sobre processos concretos de organização das classes subalternas e as relações que estabelecem com o Serviço Social, sejam estas pela inserção profissional do assistente social como trabalhador engajado em movimentos e lutas sociais, ou pelo desenvolvimento do trabalho profissional em processos organizativos das classes subalternas ou em instâncias institucionais de organização dessas classes.

As transformações ocorridas no mundo, no final do século XX e início do século XXI, têm colocado grandes desafios aos estudiosos do processo histórico de desenvolvimento da sociedade, bem como às forças sociais progressistas e de esquerda em luta. É um processo mundial que apresenta particularidades nos Estados nacionais que expressam a situação de cada um no contexto global em que se situam. A compreensão dessa particularidade do Brasil, no contexto da crise do capitalismo na contemporaneidade, é de fundamental importância, na perspectiva de: recuperar historicamente esses desafios; contribuir teórica e politicamente com pesquisas históricas e publicações sobre as lutas sociais e organização das classes subalternas e a relação com o Serviço Social; e subsidiar o debate crítico em torno da temática em estudo, bem como as práticas sociais para o enfrentamento da questão social.

2. Configuração histórico-conceitual do objeto da pesquisa

O mundo contemporâneo é um local com uma multiplicidade de organizações e ações de sujeitos históricos e políticos, cuja unidade constitui-se na prática política, construindo projetos coletivos numa perspectiva de classe. Projetos esses com possibilidades de enfrentar novas formas de exploração do capital sobre o trabalho nas sociedades capitalistas contemporâneas, em que não se aboliu a contradição de classe, mas, pelo contrário, nas quais se verifica uma crescente afirmação das classes e da luta de classes.

A realidade brasileira evidencia, de um lado, a força econômica e política da classe dominante — representada, em sua maioria, pelas frações ligadas às empresas — e, de outro, as classes subalternas, que, em seus movimentos e organizações, têm aglutinado assalariados dos setores caracterizados como primário, secundário e terciário, ou seja, trabalhadores dos setores produtivo e improdutivo; os subempregados e os desempregados eventuais; os trabalhadores em potencial, não incorporados ao mercado de trabalho; enfim, todos os segmentos que, não possuindo os meios de produção, estão sob o domínio econômico, político e ideológico das classes que representam o capital.

Entre os estudos já realizados sobre a formação das classes sociais, há alguns pesquisadores que partem de métodos de interpretação do processo econômico-social brasileiro, segundo os quais o país teria alcançado um estágio da sociedade capitalista em que se configuram, numa divisão dicotômica absoluta, o proletariado e a burguesia. Com essa visão, são inseridas, no conjunto do proletariado, amplas camadas com posições diferenciadas, ou mesmo indefinidas, no mundo da produção, descaracterizando, segundo esses pesquisadores, os traços essenciais que definem o proletariado como classe.

Em contrapartida, ainda no que se relaciona à questão anterior, existem outros estudos que, tendendo a formular o conceito clássico de proletariado, centrado, portanto, apenas nos operários fabris, excluem do conjunto dos trabalhadores todos aqueles ligados ao setor econômico improdutivo. Ou seja: os trabalhadores que não estão ligados diretamente à produção material são excluídos de qualquer análise, como se não existissem no processo histórico.

A respeito dessas questões, discordo daqueles que excluem os segmentos desvinculados de uma ação direta na produção, mas entendo que não se podem negar as diferenciações existentes entre os próprios trabalhadores quanto à posição que os diversos segmentos ocupam no mundo do trabalho. Ou seja: os trabalhadores não formam uma classe homogênea, tanto no momento objetivo quanto na subjetivação da objetividade.

Entretanto, a condição de subalternidade do conjunto dos trabalhadores, em face do capital, permite uma nova configuração de classe que reúne segmentos diferenciados, de acordo com a concepção exposta anteriormente.

Entendo que os efeitos práticos provocados pelo modo capitalista de produção não atingem apenas aqueles trabalhadores que estão diretamente no mundo da produção, isto é, os inseridos no processo de produção material, mas atingem, fundamentalmente, aqueles que não possuem os meios de produção, quer estejam incorporados, quer não, ao mercado de trabalho.

Portanto, se a propriedade privada dos meios de produção não é a única fonte de dominação, ela é a fonte primeira, a partir da qual emergem as demais fontes de domínio.

A subalternidade desses trabalhadores se expressa, dessa forma, pela não propriedade dos meios de produção material e cultural e, consequentemente, pelos domínios econômico, político e ideológico exercidos pelo capital. Esses são os elementos básicos que caracterizam, do meu ponto de vista, as classes subalternas como uma das classes fundamentais nas sociedades capitalistas.

É com essa concepção que, neste projeto, destaco essas classes, refletindo sobre suas perspectivas históricas de organização e luta para superação de sua condição de subalternidade, em particular, para o enfrentamento da questão social no contexto da crise contemporânea do capitalismo e a relação da organização política dessas classes com o Serviço Social.

— Desafios para enfrentamento da questão social pelas classes subalternas na crise contemporânea do capitalismo

O capitalismo brasileiro, em conexão com a crise mundial do capital, aprofunda suas contradições, a partir de 1974, mesmo em curtos períodos de crescimento especulativo.

A crise, que se inicia nos anos 1970, apresenta, segundo Mandel, particularidades que se diferenciam da dinâmica de outras crises capitalistas. Trata-se de uma:

> [...] crise social do conjunto da sociedade burguesa, uma crise das relações de produção capitalistas e de todas as relações sociais burguesas, que se imbrica com a diminuição durável do crescimento econômico capitalista, acentua e agrava os efeitos das flutuações conjunturais da economia e recebe, por sua vez, novos estímulos dessas flutuações (Mandel, 1990 *apud* Mota, 2010).

Nessa mesma linha de raciocínio, Mészáros (2002 *apud* Mota, 2010) caracteriza a crise contemporânea como crise global de alcance mundial, atingindo todas as nações imperialistas do planeta, e como uma crise de longa duração e sem saídas em curto ou longo prazo.

Dado o caráter mundial dessa crise, o qual se imprime pela estrutura mundializada do capitalismo, cuja internacionalização se expressa pela concentração do capital e pela descentralização da produção com abrangência planetária, ela não pode, segundo Maranhão (2004 *apud* Mota, 2010), "[...] ser enfrentada setorialmente ou por capitalistas individuais, razão pela qual mobiliza a intervenção do Estado e das organizações financeiras internacionais na tentativa de equacioná-la".

Nesse processo, a partir dos anos de 1980, o capital busca enfrentar suas próprias contradições por meio de iniciativas que permitam recompor as suas taxas de lucro, ao mesmo tempo que desenvolve mecanismos que as legitimem socialmente. Nessa perspectiva, as classes dominantes "[...] necessitam exercitar-se como classe dirigente implementando seu projeto classista através de uma direção restauradora, criando iniciativas conservadoras sob o influxo das ideias liberais" (Mota, 2010, p. 16).

Nesse projeto, o Estado tem um papel fundamental favorecendo a produção de superlucros, inovando práticas ideológicas e produtivas, seja nos países centrais, seja nos periféricos, patrocinando transformações nos padrões de acumulação e reprodução (Mota, 2010).

À medida que a crise se aprofunda, os salários dos trabalhadores tendem a baixar, e a expropriação das terras dos trabalhadores e dos índios no campo tende a aumentar. O capital que explora os trabalhadores na indústria é o mesmo que expropria e explora os trabalhadores no campo.

No Brasil, a extrema concentração de renda tem sua causa principal na elevada e crescente monopolização da economia brasileira por grupos econômicos de grandes empresas transnacionais que controlam, de forma individual ou associados entre si, a quase totalidade das empresas industriais, financeiras, comerciais, agropecuárias, bem como terras, meios de transporte, comunicação e outros setores essenciais para o bem-estar da vida humana.

Assim, a formação e o crescimento dos próprios monopólios nacionais se deram associados ao capital internacional, destituídos de autonomia sobre o setor dos meios de produção; em especial, o de máquinas avançadas e o de componentes eletrônicos sofisticados. Nesse processo, os capitalistas brasileiros tiveram como opção para seu enriquecimento acelerado uma política de colaboração com seus parceiros internacionais.

Desse modo, a concentração de quase toda a riqueza social nas mãos de um número reduzido de grupos de grandes capitalistas nacionais e estrangeiros condena a classe trabalhadora a sobreviver com uma parcela insignificante do que produz, numa situação crescente de exploração e miséria.

O desenvolvimento desigual do mundo capitalista, ou polarização, permite a expansão de uma riqueza e de uma pobreza simultâneas em rapidez e extensão.

Em face dessa situação sinteticamente exposta, em que as desigualdades são um desafio permanente, pela sua essencialidade no capitalismo, dá-se o processo de constituição das políticas sociais mediadas pelo Estado e pela ação das classes sociais organizadas, as quais são determinadas pelas relações de apropriação/distribuição e dominação/subalternização. Têm, portanto, a sua gênese na relação capital/trabalho, exercendo sua função na reprodução da força de trabalho e do próprio capital.

O Brasil, entretanto, apresenta peculiaridades no que tange à relação entre Estado, capitais particulares e trabalho:

> [...] determinadas pelo processo de industrialização tardia, no qual o Estado assumiu, prioritariamente, a função de investidor e de financiador das condições de reprodução e expansão do capital [...].
>
> Como Estado Capitalista, sua ação na manutenção e reprodução da força de trabalho tem se verificado muito mais no disciplinamento do uso produtivo do trabalho pelo capital (jornada, condições de trabalho, salário etc.), do que, propriamente, pela oferta de políticas sociais (Mota, 1989, p. 131).

Em contrapartida a essa omissão do Estado, o empresariado patrocina, desde a década de 40 do século XX, salários indiretos ao trabalhador, o que se apresenta como projeto colaboracionista com o Estado. Na realidade, esse patrocínio é feito para obtenção de vantagens financeiras do setor público e para transformação dos salários indiretos num incremento à produtividade. Nessa perspectiva, "[...] o empresariado assegura, ao mesmo tempo, a manutenção do trabalhador, os níveis de produtividade e uma pseudo-autonomia dos fundos públicos" (Mota, 1989, p. 131). A partir do controle do Estado, pelos capitalistas, o capital privado obtém vantagens financeiras, econômicas e políticas. Nesse particular, pode ser observado, no Brasil, um crescente processo de privatização do Estado, mediante a utilização dos chamados fundos públicos na esfera privada.

A esse respeito, Mota afirma:

> No Brasil ocorre verdadeira inversão da chamada via fiscal para redução das desigualdades. Ao invés de o Estado se apropriar de parte do excedente, via taxação de lucros e da riqueza patrimonial, ele abdica de tal receita para que o empresariado faça a "justiça social" (Mota, 1989, p. 132).

A mesma autora ressalta, ainda, a não tributação das chamadas despesas operacionais das empresas (incluindo os custos dos programas sociais) que, contabilizados como tal, devem ser repassados para o produto. Assim, o cidadão paga quando não é sujeito da socialização dos lucros, pela via fiscal, e quando adquire as mercadorias (Mota, 1989).

É importante destacar que as políticas sociais, como instrumentos de reprodução da relação capital/trabalho, têm que ser encaradas de acordo com o contexto e o momento histórico em que se situam. Seus mecanismos avançam e recuam no bojo das lutas sociais e das relações estabelecidas entre o Estado e as classes sociais.

Assim, no contexto atual das transformações da sociedade brasileira, podemos evidenciar que, no âmbito das políticas públicas de corte social, as propostas neoliberais repercutem de forma perversa, excluindo um grande contingente populacional que já é expropriado de toda a riqueza material e intelectual produzida socialmente; ou seja, sujeitos históricos que não usufruem dessa riqueza — amplos segmentos constituídos pelas classes subalternas —, com os quais o Serviço Social tem uma vinculação histórica, seja no campo da reprodução da força de trabalho, via política de Assistência, seja no campo da organização, tendo presente a conexão desses espaços de prática do assistente social.

O projeto neoliberal que se expande pelo mundo e, por conseguinte, no Brasil, amplia e aprofunda as desigualdades e a pobreza, como expressões da questão social, ao mesmo tempo que retira a possibilidade do Estado de investir em políticas sociais que atendam, minimamente, às demandas das classes subalternas para garantia de sua sobrevivência. Esse projeto submete as necessidades sociais aos interesses econômicos, cujo objetivo principal é a maximização dos lucros dos empresários privados (Cardoso, 1995).

A perspectiva neoliberal de subsunção das necessidades sociais aos interesses econômicos e, portanto, de redução do tamanho do Estado no atendimento a essas necessidades essenciais funda-se na concepção de que não cabe ao Estado a responsabilidade do processo de provisão social e, sim, à sociedade e à iniciativa empresarial privada.

Ao lado dessa perspectiva, contraditoriamente, constitui estratégia do projeto neoliberal implementado pelo Estado capitalista brasileiro, desde os anos 1980 até os dias atuais, a defesa dos direitos sociais como direitos universais, no sentido de garantir o acesso da população a bens e serviços públicos.

A partir dos anos 1990, vivencia-se um processo de redefinição do Serviço Social, vinculado às lutas das classes subalternas, que se intensificou, em todo país, na segunda metade da década de 1970, com significativo avanço nos anos 1980. O avanço dos anos 1980 se expressou, dentre outras formas, pela atuação profissional em espaços de formação e organização políticas dos trabalhadores: sindicatos, associações profissionais, movimentos sociais urbanos e rurais, entre outros. Nesses espaços e nessas décadas (1970 e 1980), a perspectiva do trabalho profissional do assistente social era de mobilização social e organização, de modo a contribuir para viabilizar projetos de interesse dessa classe na construção de novas relações hegemônicas na sociedade, superando a sua condição de dominação político-ideológica e econômica.

Tal perspectiva traduziu-se pela vinculação do Projeto Ético-Político Profissional a uma determinada perspectiva societária, cuja construção exige o fortalecimento de processos emancipatórios das classes subalternas. Trata-se da perspectiva de superação da sociedade capitalista, tendo como horizonte a emancipação humana.

A tendência atual, a partir de 1990, sobretudo em instituições que operam as políticas sociais, é o redirecionamento da perspectiva de mobilização social e organização, no horizonte da emancipação humana, para o horizonte da subalternidade, buscando a legitimação, pelas classes subalternas, do atual padrão da política social, sob a égide do neoliberalismo. Esse padrão privilegia a mercantilização das políticas sociais, transferindo para o setor privado as responsabilidades do Estado quanto às políticas públicas, em detrimento do atendimento às necessidades como direito, e investe na cooptação de organizações e lutas das classes subalternas pela intensificação de programas eminentemente assistencialistas, mas que atendem, mesmo precariamente, às necessidades prementes das classes subalternas.

É importante ressaltar, nesse contexto de hegemonia do neoliberalismo, o caráter contraditório da atuação profissional do assistente social, cuja história é um processo orgânico da história da sociedade em que se insere a profissão; sendo, portanto, determinada pelas contradições inerentes a essa sociedade. Nesse sentido, destacam-se as implicações econômicas, políticas e sociais decorrentes do avanço do capitalismo no mundo e, em contraposição, a luta das classes subalternas, norteada pelos ideais emancipatórios da sociedade que repõem a participação como estratégia de politização das relações sociais e de intervenção crítica dessa classe no movimento histórico, nos espaços de produção e reprodução social (Abreu, 2002).

Essa é a perspectiva de diferentes organizações das classes subalternas; em particular, do Movimento dos Trabalhadores Rurais sem Terra (MST), como um espaço de organização e lutas políticas, o qual representa um dos mais importantes movimentos sociais e políticos do Brasil atual, fazendo renascer e ressurgir a luta dos trabalhadores no campo, e convertendo-o no centro da luta política e da luta de classes no país.

No bojo do movimento contraditório da sociedade, e mesmo nos espaços de formação e de organização política das classes subalternas, há projetos profissionais e projetos societários diferenciados disputando a hegemonia. Quais são esses projetos, como se dá essa disputa, quais as tendências da inserção do assistente social nesses espaços e quais os desafios postos ao Serviço Social e à classe trabalhadora no contexto dessa disputa?

Nas instâncias de organização das classes subalternas, o trabalho dos assistentes sociais tende a assumir duas grandes perspectivas teórico-políticas que perpassam os projetos profissionais e os projetos societários em disputa na sociedade brasileira, na atualidade: (1) a perspectiva de superação da sociedade capitalista, tendo como horizonte a conquista da emancipação humana, passando pelo fortalecimento de processos emancipatórios das classes subalternas; e (2) a perspectiva de manutenção da ordem capitalista, tendo como exigência a dominação dessas classes.

Com essas perspectivas, os projetos profissionais e os projetos societários desenvolvem-se pela ação dos sujeitos das profissões e das classes sociais, disputando a hegemonia nos espaços de organização das classes subalternas, em particular, e no movimento social, na sociedade brasileira. Torna-se hegemônica uma ou outra perspectiva, conforme vínculos dos projetos profissionais com os projetos societários de emancipação humana, ou de manutenção da ordem capitalista, e conforme a correlação de forças na disputa da hegemonia na sociedade.

A questão da hegemonia é central, entre as preocupações de Gramsci (1978), em relação às possibilidades de as classes subalternas tornarem-se protagonistas históricas, dotadas de vontade coletiva própria. Nesse sentido, a hegemonia refere-se à capacidade de uma dessas classes, que aspire a dirigir o conjunto da sociedade para trabalhar os interesses do conjunto dos setores subalternos, em termos de um projeto universal, em que, na formulação da Marx e Engels (1991), a consciência emerge do processo social, na medida em que a ação dos homens é teleológica. Segundo Marx:

> [...] na produção social da própria existência os homens entram em relações determinadas, necessárias, independentemente de sua vontade: estas relações correspondem a um grau determinado de desenvolvimento de suas forças produtivas materiais. O conjunto das relações de produção constitui a estrutura econômica da sociedade, a base sobre a qual se eleva uma superestrutura jurídica e política à qual correspondem formas sociais determinadas de consciências. O modo de produção da vida material condiciona o processo social político e intelectual. Não é a consciência dos homens que determina o seu ser, mas, ao contrário, é o seu ser social que determina sua consciência (Marx, 1978, p. 129-130).

Marx (1978) enfatiza a determinação social da consciência, mas ressalta a sua força atuante sobre a realidade no sentido de transformá-la: destaca, portanto, o lado ativo do sujeito, cuja atividade se torna, também, objetiva.

Nessa perspectiva, a consciência de classe é determinada por forças motrizes estruturais (forças relativamente permanentes) e por elementos conjunturais que se apresentam como ocasionais, imediatos ou espontâneos em contextos determinados e momentos históricos dados. Mas sejam quais forem esses contextos (desde que em sociedades de classes), entendo que a organização das classes subalternas é uma exigência fundamental, porque é na luta organizada que os segmentos subalternos da sociedade elevam sua consciência e sua solidariedade, e se constituem em sujeitos coletivos, isto é, "[...] coletividades onde se elabora uma identidade e se organizam práticas através das quais seus membros pretendem defender interesses e expressar suas vontades, constituindo-se nessas lutas" (Sader, 1988, p. 55). Interesses e vontades com um determinado grau de homogeneidade necessário para determinar uma ação coletiva coordenada, no sentido de superar a condição de subalternidade e conquistar a hegemonia sobre toda a sociedade.

Com base nos fundamentos históricos e conceituais aqui explicitados, ressaltamos como grandes desafios para o enfrentamento da questão social na crise contemporânea do capitalismo: o fortalecimento dos vínculos entre as instituições de organização da luta social que permanecem na resistência contra o capital; e o avanço da inserção dos assistentes sociais nos movimentos de rearticulação da organização classista dos trabalhadores.

3. Objetivos

3.1 Gerais

Aprofundar a análise sobre as relações entre o Serviço Social e a organização política das classes subalternas, com destaque às lutas sociais no enfrentamento da questão social na crise contemporânea do capitalismo. Contribuir teórica e politicamente para o avanço de pesquisas históricas e publicações sobre a organização das classes subalternas e a relação com o Serviço Social.

3.2 Específicos

- Reconstruir uma referência histórico-conceitual sobre a organização política das classes subalternas e sua relação com o Serviço Social;
- Reconstruir uma referência histórico-conceitual da questão social na crise contemporânea do capitalismo e suas diferentes formas de enfrentamento pelas classes sociais e pelo Estado;
- Ampliar e aprofundar a análise das instituições de organização política das classes subalternas que permanecem na resistência contra o capital;
- Caracterizar e analisar os desafios postos para as classes subalternas e para as instituições de organização dos assistentes sociais, em particular, como sujeitos históricos no enfrentamento da questão social;

- Subsidiar o debate crítico em torno da temática em estudo e as práticas sociais para o enfrentamento dos desafios mais gerais das classes subalternas na contemporaneidade;
- Identificar e analisar as mediações e os vínculos efetivos do Serviço Social como profissão, com as instituições de organização das classes subalternas com perspectiva classista de oposições ao capital.

4. Indicações metodológicas

4.1 Perspectiva teórico-metodológica adotada e categorias básicas

Mantendo a perspectiva teórico-metodológica que se situa no campo da tradição marxista, e que tem sido minha referência em toda a minha trajetória acadêmica e política, esta pesquisa será norteada pelo método dialético materialista, na concepção de Marx, Engels, Lukács e Gramsci, utilizando-se de categorias constitutivas desse referencial, nas análises do objeto de pesquisa, tais como: classes sociais, classes subalternas, questão social, classe trabalhadora, consciência de classe, organização política, hegemonia, Estado e sociedade civil e práxis.

As categorias questão social e Serviço Social, embora não pertencendo ao referencial marxista, são de fundamental importância neste estudo, por constituírem dimensões do objeto de estudo. Assim, serão analisadas historicamente na perspectiva do método marxiano: a primeira como categoria fundante do Serviço Social e este como uma expressão da práxis.

Na análise do movimento real da crise contemporânea do capitalismo no Brasil e, neste contexto, dos desafios postos às organizações das classes subalternas e ao Serviço Social, serão utilizados os estudos de pensadores da sociedade brasileira, com destaque para: Florestan Fernandes, Caio Prado Júnior, Celso Furtado, Sérgio Buarque de Holanda, Francisco de Oliveira, Ricardo Antunes, Edmundo Dias, Celso Frederico e outros, cujas produções têm como núcleo temático o trabalho e a organização política dos trabalhadores, categorias fundamentais para a análise do objeto da pesquisa.

Quanto às referências específicas do Serviço Social, buscarei as análises de intelectuais cuja produção teórico-política, bem como a perspectiva teórico-metodológica adotada, tenha convergência ao objeto e aos objetivos desta pesquisa, incluindo, entre estas, as produções do grupo de pesquisa ao qual este projeto se vincula — Grupo de Estudos, Pesquisas e Debates em Serviço Social e Movimento Social (GSERMS).

4.2 Procedimentos metodológicos, fontes e instrumentos da pesquisa

Como processo metodológico destaco, a seguir, alguns momentos fundamentais que possibilitarão a apreensão do objeto como totalidade, distinguindo os diferentes níveis de complexidade de suas diversas dimensões, e buscando seus determinantes e determinações que o configuram historicamente:

a) levantamento de acervo bibliográfico pertinente às categorias analíticas anteriormente especificadas;
b) estudos sistemáticos dessas categorias numa efetiva articulação com os processos concretos ou determinações constitutivas do objeto de estudo;
c) levantamento de estudos já realizados sobre lutas sociais e organização política das classes subalternas e sua relação com o Serviço Social;
d) reconstrução das referências histórico-conceituais, evidenciadas nos objetivos específicos;
e) levantamento, caracterização e análise das instituições de organização política das classes subalternas que permanecem na resistência contra o capital;
f) mapeamento, caracterização e análise dos desafios no contexto da crise contemporânea do capitalismo e as formas de enfrentamento da questão social pelas classes subalternas, pelo Estado e pelas instituições de organização dos assistentes sociais, em particular;

g) identificação, caracterização e análise das mediações e vínculos efetivos do Serviço Social com as instituições de organização da classe trabalhadora;

h) sistematização e exposição dos resultados da pesquisa através de:
   - relatórios parciais e finais;
   - monografias de conclusão de curso;
   - dissertação de mestrado e tese de doutorado;
   - realização de seminários com apresentação de produções parciais e relatório final;
   - elaboração de capítulos de livro, de artigos e comunicações em eventos científicos.

As fontes dos dados da pesquisa empírica abrangem: a) fontes primárias documentais sobre diversas formas de organização da classe trabalhadora; e outras fontes primárias originárias de informações obtidas, diretamente, com trabalhadores e outros informantes; b) fontes secundárias caracterizadas por estudos já realizados e sistematizados sobre a temática; c) consultas via internet para coleta de dados primários e secundários.

Entre os instrumentos técnicos, destacam-se: entrevistas estruturadas e semiestruturadas, história de vida, história oral e observação direta e sistemática.

5. Resultados esperados

Os resultados serão apresentados sob forma de:

- Tese de doutorado, dissertação de mestrado e monografias de graduação;
- Capítulos de livro e artigos publicados em revistas especializadas, e apresentados em eventos locais, nacionais e internacionais;
- Formação de pesquisadores;
- Articulação e assessoramento a processos organizativos e a instituições de organização da classe trabalhadora;
- Articulação com outras universidades interessadas pela temática.

6. Orçamento

Elemento de despesa	Valor	Custeio
a) Material bibliográfico	R$ 2.750,00	
b) Material de consumo: papel e cartuchos para impressora; pastas para arquivos e transparências; material de escritório.	R$ 2.750,00	
c) Outros serviços de terceiros: remuneração de serviços pessoais; serviços de xerox e transcrições de gravações; organização e edição de livros, seminários; e material de divulgação.	R$ 7.700,00	
d) Equipamentos: um computador; um *notebook*; uma impressora; um *nobreak*; uma mesa para computador e uma cadeira.	R$ 8.800,00	
TOTAL	R$ 22.000,00	

7. Cronograma

Atividades	Período
a) levantamento de acervo bibliográfico pertinente às categorias analíticas especificadas no projeto da pesquisa, com ênfase no ano de 2018;	Durante todo o processo.
b) estudos sistemáticos dessas categorias numa efetiva articulação com os processos concretos ou determinações constitutivas do objeto de estudo;	Durante todo o processo.
c) levantamento de estudos já realizados sobre a organização política das classes subalternas e sua relação com o Serviço Social;	De março/2018 a dezembro/2018.
d) reconstrução de uma referência histórico-conceitual sobre a organização política das classes subalternas e sua relação com o Serviço Social;	De abril/2018 a outubro/2019.

Atividades	Período
e) levantamento, caracterização e análise das instituições de organização política das classes subalternas que permanecem na resistência contra o capital;	De janeiro a dezembro/2019.
f) mapeamento, caracterização e análise dos desafios no contexto da crise contemporânea do capitalismo, da sociedade brasileira, e as formas de enfrentamento pelas classes e pelas instituições de organização dos assistentes sociais, em particular;	De junho/2018 a junho/2020.
g) identificação, caracterização e análise das mediações e dos vínculos efetivos do Serviço Social com as instituições de organização das classes subalternas;	De junho/2018 a junho/2020.
h) sistematização e exposição dos resultados da pesquisa através de: • relatórios parciais; • monografias de conclusão de curso; • dissertação de mestrado e tese de doutorado; • realização de seminários com apresentação de produções parciais; • elaboração de artigos e comunicações em eventos científicos.	De março/2018 a fevereiro/2021
i) relatório final da pesquisa.	

Referências

ABRAMIDES, M. B. C.; CABRAL, M. S. *Novo sindicalismo e o Serviço Social*: trajetória e processos de luta de uma categoria, 1978-1988. São Paulo: Cortez Editora, 1995.

ABREU, M. M. *Serviço Social e a organização da cultura*: perfis pedagógicos da prática profissional. São Paulo: Cortez Editora, 2002.

ANTUNES, R. *Adeus ao trabalho?*: ensaios sobre as metamorfoses e a centralidade do mundo do trabalho. São Paulo: Cortez Editora, 1995.

ANTUNES, R. *Os sentidos do trabalho*: ensaios sobre a afirmação e a negação do trabalho. São Paulo: Boitempo, 1999.

CARDOSO, F. G. Os movimentos sociais populares no processo de transformação social. *Serviço Social & Sociedade*, São Paulo: Cortez Editora, ano XI, n. 33, p. 5-30, ago. 1990.

CARDOSO, F. G. *Organização das classes subalternas*: um desafio para o Serviço Social. São Paulo: Cortez Editora; São Luís: EDUFMA, 1995.

CARDOSO, F. G. *Relatório geral de atividades*. São Luís: UFMA/Deses, 1998.

CARDOSO, F. G. Organização, luta e consciência de classe: condições para conquista da hegemonia pelas classes subalternas. *In:* JORNADA INTERNACIONAL DE POLÍTICAS PÚBLICAS, 2., 2003, São Luís. *Anais* [...]. São Luís: PPGPP/UFMA, 2003. 1 CD-ROM.

CARDOSO, F. G.; GRAÇA, I. M. *Questão social e serviço no Maranhão*: tendências no mercado de trabalho e formação profissional. São Luís: UFMA/Deses, 1998.

GRAMSCI, A. *Concepção dialética da história*. Tradução: Carlos Nelson Coutinho. 3. ed. Rio de Janeiro: Civilização Brasileira, 1978.

GRAMSCI, A. *Maquiavel, a política e o Estado moderno.* Tradução: Luiz Mário Gazzaneo. 7. ed. Rio de Janeiro: Civilização Brasileira, 1989.

LOPES, J. B.; ABREU, M. M. A formação profissional do assistente social no contexto da atual reestruturação do capital: respostas e questões das diretrizes curriculares no Brasil. *In:* CONGRESSO MUNDIAL DE ESCOLAS DE SERVIÇO SOCIAL, 33., 2006, Santiago. *Anais* [...]. Santiago, 2006.

LOPES, J. B. *et al. Transformações contemporâneas e o sistema de controle social nas relações campo e cidade*: trabalho, luta social e prática do Serviço Social no Maranhão. São Luís: UFMA/ Deses, 2006. Projeto de pesquisa.

MARX, K. Trabalho assalariado e capital. *In*: MARX, K.; ENGELS, F. *Obras escolhidas.* São Paulo: Alfa-Ômega, s. d. v. 1.

MARX, K. *Para a crítica da economia política*. Tradução: Edgard Malagodi. [*et al.*]. São Paulo: Abril Cultural, 1982.

MARX, K.; ENGELS, F. *A ideologia alemã.* São Paulo: Hucitec, 1991.

MOTA. A. E. O pacto da assistência: articulações entre empresas e Estado. *Serviço Social & Sociedade*, São Paulo, ano X, n. 30, p.127-136, 1989.

SADER, E. *Quando novos personagens entram em cena*: experiências e lutas dos trabalhadores da Grande São Paulo (1970-1980). Rio de Janeiro: Paz e Terra, 1988.

LEIA TAMBÉM

PESQUISA EM SERVIÇO SOCIAL
teoria, método e metodologias

Carlos Antonio de Souza Moraes
Neusa Cavalcante Lima (orgs.)

384 páginas
14 x 21 cm
ISBN 978-65-5555-502-8

Os textos que compõem este livro estão alinhados à Teoria Social Crítica, cuja perspectiva conduz o projeto de formação hegemônico do Serviço Social brasileiro, desde a década de 1990 até os dias atuais. A obra reúne docentes de vários programas de pós-graduação da área, do Norte ao Sul do país, e transita pelos processos vinculados à formação profissional (graduação e pós-graduação), às dimensões téorica, ético-política e às diferentes metodologias de pesquisa, associando-as ao trabalho de assistentes sociais.

PESQUISA EM SERVIÇO SOCIAL E TEMAS CONTEMPORÂNEOS

Denise Bomtempo Birche de Carvalho
Inez Stampa
Joana Valente Santana
Maria Liduína de Oliveira e Silva (orgs.)

256 páginas
16 x 23 cm
ISBN 978-65-5555-026-9

Esta coletânea pretende estimular produções bibliográficas da área de Serviço Social, com ênfase em temáticas que abordem as particularidades das expressões da questão social. Essa iniciativa visa fortalecer a pesquisa e a formação de recursos humanos, a inserção social e os impactos sociais econômicos, científicos e culturais, com ênfase para o planejamento, a execução, a avaliação e o monitoramento de políticas sociais.